JACK ALEXANDER

Vorwort von *Timothy Keller*

Mehr als genug

Frei von der Angst, zu kurz zu kommen

Deutsch von Anja Findeisen-MacKenzie

BRUNNEN
Verlag GmbH · Giessen

Titel der englischen Originalausgabe: The God Guarantee

Bibelzitate aus dem Neuen Testament, den Psalmen
und den Sprüchen folgen, wo nicht anders angegeben:
Bibeltext der Neuen Genfer Übersetzung – Neues Testament und Psalmen.
Copyright © 2011 Genfer Bibelgesellschaft. Wiedergegeben mit
freundlicher Genehmigung. Alle Rechte vorbehalten.
Und: Neue Genfer Übersetzung. Die Sprüche, © 2015 Deutsche
Bibelgesellschaft, Stuttgart.

Die sonstigen alttestamentlichen Bibelzitate folgen,
wo nicht anders angegeben, der Übersetzung:
Hoffnung für alle®, Copyright © 1983, 1996, 2002, 2015 by Biblica, Inc.®.
Verwendet mit freundlicher Genehmigung des Herausgebers Fontis.

Ferner wurden verwendet und sind wie folgt gekennzeichnet:
L – Lutherbibel, revidiert 2017, © 2016 Deutsche Bibelgesellschaft,
Stuttgart
Hfa – Hoffnung für alle®, Copyright wie oben.
Zürcher Bibel (ohne Abk.) © 2007 Zürcher Bibel / Theologischer Verlag
Zürich

© 2019 Brunnen Verlag GmbH, Gießen
Lektorat: Konstanze von der Pahlen
Umschlagfoto: Shutterstock
Umschlaggestaltung: Jonathan Maul
Satz: DTP Brunnen
Druck: CPI – Ebner & Spiegel, Ulm
ISBN Buch 978-3-7655-1303-9
ISBN E-Book 978-3-7655-7524-2
www.brunnen-verlag.de

Stimmen zum Buch

Jack Alexander ist nicht nur ein erfolgreicher Geschäftsmann, sondern auch einer der scharfsinnigsten Bibelkenner, die ich kenne. Manche Bücher bestärken mich in dem, was ich schon weiß; andere bringen die Dinge besser auf den Punkt als irgendjemand sonst. Doch nur großartige Bücher schaffen es, dass sich in meinem Geist ein Paradigmenwechsel vollzieht: Plötzlich sehe ich das Leben, Gott und mich selbst wie nie zuvor! „Mehr als genug" ist so ein Buch. Ich kann es nur ausdrücklich empfehlen!

Chip Ingram,
Pastor und Autor

Jack Alexander führt uns hinein in tiefe, radikale Gedanken über unser Leben in Gottes Welt. Ich halte seinen theologischen Feinsinn sowohl für klug als auch verlässlich und ich bin sehr dankbar für seine Ausführungen.

Walter Brueggemann,
Theologieprofessor und Autor

„Mehr als genug" legt präzise das biblische Verständnis von Wohlstand und Mangel dar. Sie werden dieses Buch immer und immer wieder lesen wollen.

Michael Youssef, Pastor,
Autor und Leiter von „Leading the Way"

Allzu oft gründen wir unsere Sicherheit mehr auf unsere eigenen Bemühungen und gehorteten Reichtümer als auf Gottes wiederholtes Versprechen, für seine Kinder zu sorgen. Jack Alexander führt uns aufschlussreich vor Augen, dass wahre

Sicherheit nur im Kennen von Gott und im Glauben an ihn zu finden ist.

Jim Daly,
Vorsitzender von „Focus on the Family" und Autor

———

Für Lisa –

meine liebevolle Frau,
ein Vorbild in unbegrenzter Großzügigkeit

Für Randy Pope –

meinen treuen Pastor, Mentor und Freund

Inhalt

Vorwort

Das Buch von Jack Alexander, das Sie in Händen halten, passt nicht so recht in die heute üblichen Kategorien christlicher Literatur. Es ist kein Buch zur Selbsthilfe. Ja, es übt sogar Kritik an all jenen Büchern, die uns ein großartiges Leben versprechen. Stattdessen sollen wir uns eher darauf gefasst machen, dass die Dinge manchmal schiefgehen, dass wir Zerbruch erleiden, dass unser Leben auseinanderfällt. Jedoch liegt in all dem ein zutiefst biblischer, hoffnungsvoller Realismus: Es wird Schwierigkeiten geben, aber unser Leid kann uns in etwas Wunderbares verwandeln (siehe 2. Korinther 4,17). Jack Alexander zeigt uns, dass nur im Schmelzofen des Leids aus unserem Erz Gold oder aus unserer Kohle Diamanten werden können.

Das Buch beschäftigt sich nicht auf herkömmliche Weise mit der Frage, wie wir mit unserem Besitz umgehen sollen. Es liefert uns nicht alle möglichen Gründe, warum, wie und wie viel wir spenden sollen. Das ist zwar ein wichtiges Thema, aber Jack Alexander gräbt noch tiefer – und er setzt viel früher an, nämlich bei dem, was unsere Motivation bestimmt. Er hat erkannt, dass die meisten Menschen ihre Ressourcen wegschließen, sie kaum mit anderen teilen, obwohl es dafür vernünftige biblische und praktische Gründe gäbe. Großzügig zu sein, fällt ihnen so schwer, weil sie eine ganz bestimmte Herzenseinstellung haben. Welche ist das?

Die Ursache für unseren Mangel an Freigiebigkeit ist weder Geiz noch Habgier, sondern *Furcht*. Das Horten von Ressourcen ist oftmals die Strategie, mit der wir unsere eigene Welt kontrollieren und für uns selbst sorgen wollen, weil wir befürchten, Gott nicht vertrauen zu können. Darum sehen wir auch nicht die Möglichkeiten, Gutes zu tun, die in so vielen Situationen verborgen sind. Wir lassen uns vom Leid niederdrücken, anstatt daran zu wachsen.

Und wir sind so wenig großzügig mit uns selbst und mit unserem Besitz. In der westlichen Welt wimmelt es von Leuten, die einen komfortablen Wohlstand genießen und dennoch den Eindruck haben, nicht genug zu besitzen. Sie lassen sich von einem alles durchdringenden Gefühl der Ressourcenknappheit und der Unsicherheit bestimmen.

Jack Alexander spricht dieses Problem offen an, um den Weg frei zu machen für ein Leben, das von Visionen, nachhaltigem Handeln, Freude und Großzügigkeit geprägt ist. Das gelingt ihm aufgrund von zwei wichtigen Einsichten.

Erstens zeigt er auf, dass Furcht im Grunde etwas Egoistisches ist. Wenn wir uns fürchten, merken wir nicht, dass wir auf uns selbst ausgerichtet sind. Doch in 1. Johannes 4,18 heißt es, dass das Gegenteil von Liebe nicht Hass ist, sondern Furcht. Denn die Liebe lässt uns an andere denken, während die Furcht uns vor allem an uns selbst denken lässt. Liebe macht uns immer verwundbar. Die Furcht sperrt sich gegen diese Verwundbarkeit und ernennt den Selbstschutz zur höchsten Priorität.

Um großzügiger zu werden, müssen wir daher zuerst diese selbstsüchtige Furcht loswerden, die uns davon abhält, Gott zu vertrauen und andere Menschen zu lieben.

Zweitens legt Jack Alexander dar, dass das Praktizieren biblischer Großzügigkeit der Schlüssel zu unserer *eigenen* Versorgung ist. Gott macht uns deutlich, dass er in und durch unsere Beziehungen für uns sorgt – erst durch die Beziehung zu ihm, dann durch die zu anderen Menschen.

Wie ein roter Faden zieht sich das Wunder der Brot- und Fischvermehrung, das Jesus vollbracht hat, durch das ganze Buch. Der Autor gebraucht es als Illustration für die Art und Weise, wie Gott für uns sorgt. Diesen Hauptgedanken möchte ich gern mit dem Hinweis auf einen weiteren Bibeltext unterstreichen, in dem es um das wichtige Thema geht, wie Christen von dem Geist des Mangels und der Furcht zum Geist der Fülle und der Fürsorge gelangen können.

In Apostelgeschichte 4 lesen wir von einer Gemeinschaft, in der das großzügige Teilen wirtschaftlicher Güter zutiefst verwurzelt war:

> Die ganze Schar derer, die an Jesus glaubten, hielt fest zusammen; alle waren ein Herz und eine Seele. Nicht ein Einziger betrachtete irgendetwas von dem, was ihm gehörte, als sein persönliches Eigentum; vielmehr teilten sie alles miteinander, was sie besaßen. Vollmächtig und kraftvoll bezeugten die Apostel, dass Jesus der auferstandene Herr ist. Und die ganze Gemeinde erlebte Gottes Gnade in reichem Maß. Es gab unter ihnen auch niemand, der Not leiden musste. Denn wenn die Bedürfnisse es erforderten, verkauften diejenigen, die ein Grundstück oder ein Haus besaßen, ihren Besitz und stellten den Erlös der Gemeinde zur Verfügung (Apostelgeschichte 4,32-35).

Es war auch eine Gemeinschaft, in der „alle mit dem Heiligen Geist erfüllt" waren und die Botschaft Gottes „frei und unerschrocken" verkündeten (Vers 31). Hier erfahren wir, dass Unerschrockenheit ein grundlegendes Kennzeichen eines geisterfüllten Lebens ist.

Warum ist das so? In Römer 8,15-16 heißt es, dass der Heilige Geist dem Geist der Furcht entgegenwirkt. Wenn also der Heilige Geist das Gegenteil von Furcht bringt, dann ist natürlich die Furcht*losigkeit* das Kennzeichen eines vom Heiligen Geist erfüllten Menschen.

Aber wie genau macht der Heilige Geist uns furchtlos? Laut dem Text aus dem Römerbrief schenkt uns der Heilige Geist die Gewissheit, dass wir Kinder Gottes sind. (Auf dieselbe Weise bevollmächtigte der Heilige Geist auch Jesus bei seiner Taufe, indem er ihm versicherte: „Dies ist mein geliebter Sohn. An ihm habe ich Freude" [Matthäus 17,5].) Das ist also das

Wesen der geistlichen Kühnheit: eine tiefe Gewissheit durch Christus, dass der Vater im Himmel uns persönlich liebt.

Der Text aus der Apostelgeschichte verdeutlicht, dass diese Gewissheit der Liebe Gottes nicht nur unsere Worte, sondern auch unsere Taten beeinflusst. Ein Lebensstil der radikalen Hingabe an Gott und des radikalen Teilens unserer Ressourcen, so sieht es der Apostel Lukas, entspringt aus einem Herzen, das durch die Erfüllung mit dem Heiligen Geist verändert wurde. Doch was ist, wenn uns diese Gewissheit fehlt? Nehmen wir die finanzielle Großzügigkeit als Beispiel. Die meisten Menschen sind weit davon entfernt, die biblische Richtlinie des Gebens zu erfüllen (10 Prozent unseres Einkommens oder der „Zehnte"; siehe Maleachi 3,8-10; Lukas 11,42). Warum? Geben heißt, dass wir für den Fall einer Krise weniger zur Seite gelegt haben – es ist also ein Problem unseres Sicherheitsdenkens. Geben kann auch bedeuten, dass die Menschen, denen ich etwas anvertraue, dies missbrauchen – das ist ein Problem der mangelnden Kontrolle. Geben bedeutet außerdem, dass ich mich selbst nicht mehr so wohlhabend und abgesichert fühle – eine Frage des Selbstwertgefühls. Und die Wurzel all dieser Probleme sind Furcht und mangelndes Vertrauen.

Doch die Realität der rettenden Liebe Gottes, über die der Heilige Geist uns Gewissheit schenkt, verändert diese Furcht. Wir erkennen, dass Gott sich viel mehr uns zugute einsetzt, als wir es geahnt haben. Schauen wir doch auf das, was er durch Jesus getan hat! Dann sehen wir, dass wir Gott vertrauen können. Jesus ist für uns nun kostbarer als alles andere (1. Petrus 2,7). Wenn wir ihn haben, dann halten wir selbst Diamanten für überflüssig.

Dieses Buch ist also keines zur Selbsthilfe, obwohl Jack Alexander uns daran erinnert, dass wir Verantwortung haben und durchaus etwas dazu beitragen können, das Gefühl des Mangels zu überwinden. Gott gebraucht unsere Großzügigkeit in unseren Beziehungen, um für andere zu sorgen – und auch für uns.

Das ist kein Buch über unseren Umgang mit Finanzen, aber es ist meiner Meinung nach hervorragend als Grundlage für alle weiterführenden Gedanken zu diesem Thema geeignet. Jack Alexander weiß, dass die Frage: „Werde ich genug haben?" immer vor der Frage kommt: „Warum soll ich etwas geben, was und wie viel?" Der wahrscheinlich größte Dienst, den dieses Buch der christlichen Gemeinde erweist, besteht darin, dass es diese erste Frage auf überzeugende Weise beantwortet, sodass alle nachfolgenden Fragen in Freiheit und mit Freude beantwortet werden können.

Und noch etwas gibt es über dieses aufschlussreiche, hilfreiche Werk zu sagen: Es ist zwar kein Andachtsbuch, aber es bewirkt trotzdem, dass wir unseren Schöpfer tiefer verstehen und ihn anbeten.

Dr. Timothy Keller
Bestsellerautor und Vorsitzender der
Organisation „Redeemer City to City"

Einführung

Auf der Suche nach „genug"

Jaden Hayes hatte eine schwere Kindheit. Sein Vater starb, als er vier Jahre alt war. Nur zwei Jahre später fand er die Leiche seiner Mutter, die im Schlaf gestorben war. Der Sechsjährige überstand die beiden Beerdigungen mit erstaunlicher Gefasstheit und lebte fortan bei seiner Tante. Mehrere Medien berichteten, dass er zu seiner Tante gesagt habe, er habe „all die traurigen Gesichter satt". Er wollte wissen, wie man Menschen wieder glücklich machen kann. Die Tante antwortete, die beste Methode, jemanden zum Lächeln zu bringen, sei, ihm mit einem Lächeln zu begegnen.

Und so begann Jaden nur wenige Wochen nach dem Tod seiner Mutter mit dem „Lächel-Experiment", wie es später genannt wurde. Dazu fuhr er mit seiner Tante in die Stadt Savannah, die in der Nähe ihres Wohnortes im US-Bundesstaat Georgia liegt. Dort gingen sie auf Leute zu, die traurig oder ernst aussahen. Jaden lächelte sie an und schenkte ihnen ein kleines Spielzeug, um seine Erfolgschancen noch zu erhöhen.

„Es war, als ob die reine Freude aus diesem Kind strömte", erzählte seine Tante. „Und je mehr Leute er zum Lächeln brachte, desto heller schien dieses Licht."[1]

Vor gut einem Jahr hörte ich zum ersten Mal von Jaden und seinem Experiment. Es treibt mir noch heute jedes Mal die Tränen in die Augen, wenn ich darüber nachdenke. Und ich war nicht der Einzige, den dieser Bericht berührte. Landesweit griffen die Medien Jadens Geschichte auf. Wildfremde Menschen schickten Jaden Geschenke und Fotos, auf denen sie selber lächelten.

Was war an Jadens Geschichte so besonders, dass sie eine landesweite Bewegung auslöste? Ich glaube, sie hat die Leute an ihre eigenen Verluste und ihre eigene Hoffnungslosigkeit erinnert. Sie fragten sich: *Wie kann ein Junge, der so viel verloren hat, so viel weiterschenken?*

Statt aufzugeben, wozu wir oft versucht sind, wurde er zum Überwinder. In einer Welt, die von Isolation, Zweifeln und vor allem von einem Gefühl des Mangels geprägt ist, fand dieser Junge einen Ausweg.

Nicht genug

Mangel ist ein Wort, das seit dem letzten Jahrzehnt häufig verwendet wird. Alle – ob Psychologen, Werbefachleute oder Talkshow-Gäste – versuchen zu erklären, auf welche Weise der Mangel uns als Menschen prägt, und nicht selten schlagen sie auch Kapital daraus. Doch wenn wir einmal von all dem wissenschaftlichen Gerede absehen, was bedeutet Mangel wirklich?

Eine einfache Definition lautet: Das Gefühl des Mangels ist die Furcht, dass von etwas nicht genug für alle vorhanden ist – dass es nicht für alle reicht.

Was ist, wenn ich nicht genug Geld habe, wenn ich in Rente gehe?

Wie soll ich all diese Rechnungen bezahlen?

Können wir uns wirklich ein Kind leisten?

Doch die heimtückischen Folgen der Mangelmentalität gehen noch tiefer. Die Furcht, nicht genug zu haben, wirkt sich nicht nur auf unseren Geldbeutel aus, sondern auch auf unseren Geist.

Habe ich genug Zeit, mich in diesem Projekt zu engagieren?

Besitze ich genug seelische Kraft, um diesem Menschen in Not zu helfen?

Was ist, wenn ich für mich selbst nichts mehr übrig habe?

Diese und viele ähnliche Fragen belasten unsere Kultur. Seit der letzten großen Wirtschaftskrise haben zahlreiche Menschen, die ich kennengelernt habe, mit einem Gefühl des Verlusts und einer pessimistischen Sicht der Zukunft zu kämpfen. Ich habe mit Dutzenden von Familien gesprochen, die den Eindruck haben, am Rand eines Abgrunds zu leben. Sie fürchten, eine unerwartete Rechnung oder Krise könnte sie in eine Situation bringen, in der sie finanziell nicht mehr klarkommen. Und wenn man sich die Zahlen ansieht, erkennt man schnell, warum.

Der technologische Fortschritt hat die Erwartung der ständigen Erreichbarkeit geschürt, wodurch sich die durchschnittliche Wochenarbeitszeit der Amerikaner verlängert hat, bei gleichzeitiger Senkung der Gehälter. Für den durchschnittlichen Amerikaner hat sich das Realeinkommen unter Berücksichtigung der Inflation seit dem Jahr 2000 nicht mehr erhöht. Die Rentenansprüche schrumpfen und Arbeitnehmer, die sich bisher finanziell sicher fühlten, müssen sich inzwischen tief verschulden, um die rasant wachsenden Ausbildungs- und Gesundheitskosten stemmen zu können. Der Klassenkampf bestimmt das gesellschaftliche Klima, da der Graben zwischen Arm und Reich mittlerweile so breit ist wie nie zuvor. Zum ersten Mal in der amerikanischen Geschichte wird die nächste Generation aus der Arbeiter- und Mittelschicht ihre Eltern im Blick auf Ausbildung, Einkommen und berufliche Chancen wohl nicht mehr übertreffen.

Die Probleme, mit denen wir uns beschäftigen müssen, betreffen jedoch weit mehr als nur die Höhe unseres Bankguthabens. Der Stresslevel steigt und unsere mentale Kraft wird ebenso überstrapaziert wie unser Budget. Die Nachrichten sind voll von Tragödien und Skandalen, sie hinterlassen bei uns ein Gefühl der Ohnmacht, sodass wir unsere Türen doppelt verriegeln und jeden Fremden misstrauisch beäugen. Unsere Kultur fordert, dass wir niemanden beleidigen, und doch wird der Ton der öffentlichen Debatten von Tag zu Tag rauer. Kurz: Wir sind von Botschaften umgeben, die allesamt lauten: „Fürchte dich!", und es fällt leicht, ihnen Glauben zu schenken.

Die Furcht ist ein erstickendes Gefühl. Sie lässt uns egoistisch, verbittert und von anderen entfremdet zurück. Das Mangeldenken ist ein Ableger der Furcht; es bringt uns dazu, die Welt als Nullsummenspiel zu betrachten: Alles, was andere bekommen, bedeutet, dass für mich weniger vorhanden ist. Wenn ich etwas von mir selbst oder von meinen Ressourcen verschenke, dann bleibt nicht mehr genug für meine eigenen Bedürfnisse übrig. Es ist einfach nicht so viel vorhanden – ob Geld, Vertrauen oder sogar Liebe –, dass es für alle reicht. Das daraus resultierende Gefühl des Mangels treibt uns Schritt für Schritt in die Hoffnungslosigkeit. Das war jedenfalls meine persönliche Erfahrung.

Mir ist wichtig, dass Sie wissen: Dies ist kein Buch über die Probleme anderer Leute. Über große Strecken meines Lebens waren Furcht und Mangel meine ständigen Begleiter. Ich lernte sie kennen, als mein Vater, so wie Jadens, unerwartet verstarb. Ich war erst neun Jahre alt. Meine Mutter heiratete erneut, aber es war keine glückliche Beziehung. Ja, meine Mutter und ihr Mann schienen sich sogar die meiste Zeit zu hassen. Ich wuchs in einer Familie auf, in der ständig über Geld gestritten wurde. Die beiden zankten sich um jede Kleinigkeit, zum Beispiel von welchem Konto man welche Rechnungen bezahlen oder was man mit kleinen, sentimentalen Erbstücken machen sollte. Wenn es nach meinem Stiefvater ging, gab es nie genug.

Mit seinen Gefühlen war er ebenso sparsam wie mit dem einen Dollar, den er jeden Sonntag in den Klingelbeutel warf. Meine Schwestern und ich wurden nicht zum Träumen ermutigt. Stattdessen wurden wir ausgeschimpft, wenn wir nicht die erforderlichen Leistungen erbrachten. Es gab keine Gnade und kein Sicherheitsnetz.

Ich reagierte darauf, indem ich schon als Junge hart arbeitete. Wenn ich nicht darauf vertrauen konnte, dass andere meine Bedürfnisse erfüllten, so dachte ich, dann musste ich es eben selbst tun. Im endlosen, eisigen Winter von New England trug ich Zeitungen aus und während der langen, feuchtwarmen Sommermonate verdingte ich mich als Caddie auf den Golfplätzen. Ich arbeitete bis spät in die Nacht als Hilfskellner und fuhr mit dem letzten Bus nach Hause.

Meine Welt war eine Welt des Mangels. Wir hatten weder Geld noch Liebe noch Trost zu verschenken. Ich lernte, dies von niemandem zu erwarten. Also arbeitete ich während meiner ganzen Collegezeit und studierte Wirtschaft und Rechnungswesen – eine sichere, clevere, vernünftige Wahl. Nach dem College nahm ich einen Job in einer Buchführungsfirma an. Davon konnte ich gut leben.

Nach außen hin war alles in Ordnung. Aber innerlich war es nicht so. Was wir als Kinder lernen, vergessen wir nie – und meine Lehrerin war die Angst gewesen. Sie hielt mich davon ab, Risiken einzugehen und meinem Herzen zu folgen. Sie ließ mich das ganze Leben als Konkurrenzkampf sehen. Ich fing an, mein Gehalt beim Poker aufs Spiel zu setzen. Wenn ich nicht gewann, meinte ich, sterben zu müssen.

Etwas fehlte in meinem Leben und ich hatte immer das Gefühl, ich müsse kämpfen, um nicht in ein Loch zu fallen.

Als ich fünfundzwanzig war, verfasste ich die „10 Alexander-Regeln", eine Liste mit idealistischen Anregungen zur Selbstmotivation, die mich aus meinem Trott herausholen sollten. Eine Regel lautete: Wenn ich jemals 10 000 Dollar habe – das entsprach damals fast einem Jahresgehalt –, dann gebe ich meinen Job auf und mache, was ich will.

Dieser Plan war in meinen Augen der einzige Ausweg aus der Furcht. Ich hatte keine Ahnung, woher ich so viel Geld bekommen sollte, doch ich war überzeugt: Falls ein solches Wunder geschah, dann würde mich die Sicherheit, die mit so viel Wohlstand verbunden war, von meinen drängendsten und tiefsten Sorgen befreien.

Das passierte natürlich nicht. Im Lauf der nächsten Jahre machte ich zwar Karriere und hatte 10 000 Dollar und mehr auf meinem Bankkonto. Was aber noch wichtiger war: Ich wurde Christ und blühte geistlich auf. Ich heiratete eine wunderbare Frau und wir bekamen drei Söhne. Ich lebte ein Leben, das nach außen hin von Erfolg und Erfüllung gekrönt war. Doch selbst in dieser Zeit verschwand die Furcht nie wirklich. Das Gefühl des Mangels war in mein Leben eingezogen, als ich neun war, und erst viel später zog es wieder aus – durch eine Reihe von Ereignissen, die ich Ihnen im vierten Teil dieses Buches schildern werde.

Alles Geld dieser Welt kann ein tief sitzendes Gefühl des Mangels nicht überdecken. Die Wissenschaftlerin und Bestsellerautorin Brené Brown schreibt dazu: „Sich wegen Mangels Sorgen zu machen ist die Version von posttraumatischem Stress in unserer Kultur. Er tritt auf, wenn wir zu viel hinter uns haben, und statt uns im Interesse der Heilung zusammenzuschließen (was Verletzlichkeit voraussetzt), sind wir ärgerlich und verängstigt und gehen uns gegenseitig an den Kragen."[2]

Das ist kein Problem, das nur die Mittelschicht betrifft. Das Gefühl des Mangels wirkt sich auf alle Ebenen der Gesellschaft aus. Bei einer Umfrage unter amerikanischen Millionären aus dem Jahr 2015 sagte mehr als die Hälfte von ihnen, sie fühlten sich finanziell nicht sicher. Die meisten äußerten die Sorge, eine unerwartete Veränderung – der Verlust der Arbeitsstelle, ein Börsencrash oder eine Fehlinvestition – könnte ihr Leben von einem Augenblick zum anderen verändern. 52 Prozent fühlten sich „wie in einer Tretmühle". Egal auf welchem Niveau sich der Wohlstand der Befragten bewegte, sie alle gaben an, sie müssten doppelt so viel besitzen wie in der Gegenwart, um sich sicher zu fühlen.[3]

Und doch fand ein kleiner Junge namens Jaden, der fast nichts besaß, einen Ausweg aus diesem Gefühl des Mangels. Was hatte dieser Sechsjährige erkannt, das die reichsten Leute im Land nicht erkannten?

Zwischen zwei Lügen gefangen

Der Theologe Walter Brueggemann schreibt, dass die Mangelmentalität das erste Mal im alten Ägypten auftrat, zur Zeit des Pharaos. Nach 1. Mose 41 träumte der Pharao, dass es in seinem Land eine Hungersnot geben würde, und das flößte ihm Angst ein. Seine Furcht führte dazu, dass ein möglicher Mangel an Ressourcen sich zum ersten Mal auf ein ganzes wirtschaftliches System auswirkte, zumindest wurde zum ersten Mal schriftlich über so etwas berichtet. Der Pharao begann, Getreide und andere Ressourcen zu horten, und übernahm so die Kontrolle über etwas, das ihm ursprünglich nicht gehörte.[4]

Wenn wir fast 3500 Jahre nach vorn spulen, dann sind es immer noch in erster Linie der Staat und säkulare Einrichtungen, die Botschaften des Mangels verkünden. Die Steuern nehmen uns, was wir haben. Die Medien wecken in uns die Lust auf größere Häuser, bessere Kleidung und mehr Besitz. Das moderne Schulsystem sagt uns, dass unser Körper ein Zufall der Evolution sei, das Ergebnis unvorhersehbarer Zellmutationen. Er lebe in einem System der Willkür, wo der Stärkere überlebt und alles andere ausgerottet wird.

In den besten Zeiten der menschlichen Geschichte widersetzte sich die christliche Kirche diesen Botschaften, indem sie ein größeres, göttlich inspiriertes Bild aufzeigte und so ein Gegengewicht schuf. Die sonntägliche Ruhezeit nahm uns aus dem Rennen ums Geld heraus und erinnerte uns daran, dass wir uns auf einen liebevollen, mächtigen und ewigen Gott ausrichten sollten. Und die Bibel machte uns klar, dass es einen höheren Sinn gibt und ein ewiges Leben, das auf uns wartet.

Doch als sich der Graben zwischen Kirche und Kultur vertiefte, verloren wir die Balance. Die Christen von heute sind gegen die Mangelmentalität nicht gefeit. Auch sie machen sich Sorgen über steigende Kosten und stagnierende Einkommen. Auch ihre Zeit ist durch das digitale Zeitalter zum Bersten überstrapaziert und genau wie Nichtchristen sind sie überfüttert mit Bildern und Berichten, in denen Verletzung, Zerbrochenheit und der Mangel in der Welt im Vordergrund stehen. Auch sie haben Fragen.

Kann Gott wirklich unsere Bedürfnisse erfüllen?

Wie können wir sagen, dass Gott uns liebt, wenn er uns scheinbar nicht ausreichend versorgt?

Klar, damals vor langer Zeit hat Gott seinem Volk Manna zu essen gegeben. Aber wo ist er heute? Was tut er für uns jetzt?

In einer komplexen Welt voller Herausforderungen wissen viele, die auf Jesus vertrauen, nicht genau, was sie eigentlich glauben sollen. Sie sehen die Nachrichten, aber nicht den Retter. Sie sind gefangen zwischen zwei verheerenden Lügen in Bezug auf Gottes Fähigkeit, auch in der modernen Zeit für uns zu sorgen.

Auf der einen Seite sind diejenigen, die der Lüge glauben, sie seien von Gott im Stich gelassen worden. Viele Christen haben ihr Herz verschlossen und versuchen nicht mehr, den Gedanken eines liebenden Gottes mit einer schwierigen Welt in Einklang zu bringen. Sie fühlen sich übergangen, ungeliebt und unversorgt, sie verlassen die Gemeinde und den Gott, von dem sie denken, dass er seinen Teil der Abmachung nicht gehalten hat. Heutzutage kehren fast 60 Prozent der Menschen, die in der christlichen Kirche aufgewachsen sind, dieser im ersten Jahrzehnt ihres Erwachsenenlebens den Rücken – und wollen vom Glauben möglicherweise gar nichts mehr wissen.[5]

Und selbst diejenigen, die der Kirche treu bleiben, geben oft innerlich den Glauben an Gottes Verheißung der Fürsorge auf. Sie leben als funktionale Agnostiker; sie *hoffen,* dass es Gott wirklich gibt, aber sie *glauben* nicht, dass er tatsächlich spürbar in ihren Alltag eingreift. *Klar,* denken sie, *Gott regiert das Universum, aber es ist ihm egal, ob ich ein Auto finde, das funktioniert, oder zumindest kümmert er sich nicht darum.* Diese Menschen vertrauen mehr auf die Gesetze der Ökonomie als auf die Verheißungen von Jesus; Regierungsprogramme sind für sie von größerer Wichtigkeit als Gottes Familie. Und wenn das alles nicht klappt, bleiben ihnen nur Mangel und Isolation.

Auf der gegenüberliegenden Seite des christlichen Spektrums befindet sich eine andere Lüge, die ebenso heimtückisch und zerstörerisch ist. Die glänzenden, hohlen Versprechungen der sogenannten Wohlstandstheologie ziehen entmutigte und verängstigte Menschen mit ihrem Wunschdenken an. Wohlstandsprediger, vor allem solche, die sich als Diener des Evangeliums bezeichnen, erzählen den Gläubigen, sie hätten das *Recht*, von Gott gesegnet zu werden, und Gott habe die *Pflicht*, sie zu versorgen. Sie stellen ihn als einen allwissenden Geldautomaten dar, zu dem man durch ein „positives Glaubensbekenntnis" Zugang bekommt. Der Mensch kann durch sein Wort etwas ins Leben rufen und Gott umkreist ihn wie ein Satellit. Wenn wir alles „richtig" machen, dann gehören uns Gesundheit, Wohlstand und Macht. (Wenn wir nicht bekommen, was wir wollen, dann haben wir wohl etwas falsch gemacht. Auf jeden Fall aber darf der Wohlstandsprediger unsere Spendengelder behalten.)

Wenn diese Anspruchshaltung nicht funktioniert – und ich bin hier, um Ihnen zu sagen, dass sie nicht funktioniert –, dann bleiben betroffene Christen erschöpft und desillusioniert zurück, im schlimmsten Fall haben sie keine Verbindung mehr zum Gott der Bibel.

Doch was wäre, wenn ich Ihnen sagen würde, dass es noch eine andere Möglichkeit gibt, diesen Punkt zu betrachten, an dem unsere Furcht unseren Glauben herausfordert? Ein Weg, der zwischen den beiden Lügen hindurchführt zu einer echten Hoffnung, mit der wir der Zukunft entgegengehen können? Gott lässt sich schließlich nicht durch unsere falschen Überzeugungen und kostspieligen Lügen begrenzen. Er hat einen besseren Weg.

Das Muster der Fürsorge Gottes erkennen

Denken wir an 1. Mose 1, wo Gott über der Tiefe schwebt und die Dinge durch sein Wort ins Leben ruft. Es übersteigt meinen Verstand, dass Gott mehrere Hundert Milliarden Galaxien geschaffen hat, wahrscheinlich über zwanzig pro Person der derzeitigen Weltbevölkerung.[6] Mit ein paar einfachen Worten schuf er die Sonne und den Himmel, die Berge und die Wiesen, Fische und Blumen.

Und was schuf er noch? Richtig – uns. Aus dem Staub der Erde schuf er Menschen mit fünf Sinnen und ein Umfeld, das sie spielerisch erleben und erkunden durften. Haben Sie gewusst, dass die menschliche Zunge mehr als zehntausend Geschmacksknospen besitzt und dass diese alle zwei Wochen regeneriert und ersetzt werden, einfach nur, damit wir bei dem, was wir essen, ein Geschmackserlebnis haben? Oder dass das menschliche Auge mehr als zehn Millionen Farben wahrnehmen kann?

Das lässt mich fragen: *Wenn Gott in seiner Großzügigkeit, seiner Kreativität und seinem überfließenden Reichtum uns Menschen bis ins kleinste Detail so komplex geschaffen hat, warum bezweifeln wir dann, dass er sich um jeden Einzelnen von uns zu kümmern vermag? Gilt seine Fürsorge nur scheinbar unwichtigen und nutzlosen Dingen wie einer Galaxie von Sternen, die Millionen von Kilometern entfernt ist, und ausgerechnet nicht den Wesen, die er als sein Ebenbild geschaffen hat?*

Wenn wir bestreiten, dass Gott sich um uns kümmert, oder wenn wir ihn in eine Kiste einsperren, wo wir ihn vermeintlich beherrschen können, dann verkennen wir seinen wahren Charakter. Es ist ein Fehler, Gott abzuschreiben, zu glauben, dass ihm die Einzelheiten eines Menschenlebens oder der Welt als Ganzer gleichgültig sind. Und es ist ein Fehler, unser Leben ohne ihn „unter Kontrolle" haben zu wollen.

Wenn wir nicht darauf vertrauen, dass Gott sowohl für unsere geistlichen als auch für unsere körperlichen Bedürfnisse sorgen will, bleiben uns nur diese zwei Lügen: das Mangeldenken oder das Wohlstandsevangelium. Statt auf Gottes Fürsorge zu hoffen, wenden wir uns an den Staat. Statt die Bibel zurate zu ziehen, hoffen wir auf den menschlichen Einfallsreichtum. Statt an die Macht eines liebenden, souveränen Gottes zu appellieren, verlassen wir uns auf uns selbst.

Wir sind enttäuscht, wenn diese Bemühungen nicht ausreichen, wenn wir nicht genug sind. Doch in Wahrheit sind wir nicht dazu geschaffen, uns selbst zu genügen. Gott liebt uns und sehnt sich nach einer Beziehung zu uns. Diese Liebe hat er in aller Öffentlichkeit demonstriert – an einem Kreuz. Er wirbt um uns, damit wir ihm vertrauen. Er bittet uns, ihm nahezukommen, und er kommt uns nah. Er verspricht, diejenigen zu belohnen, die ihn aufrichtig suchen.

Die beiden Begriffe „nahekommen" und „aufrichtig suchen" lassen sich als Rhythmus unserer Beziehung zu Gott verstehen. In diesem Buch wollen wir uns diesen Rhythmus, dieses Muster genauer ansehen, damit wir Zugang zu dem bekommen, was Gott schon für uns bereithält. Wenn wir uns auf diesen Rhythmus einlassen, erschließen wir uns dadurch seine Verheißungen, die de facto Garantien sind, denn Gott sagt: „Nähert euch mir und ich will mich euch nähern."

Wenn wir Gott jedoch aus der Welt entfernen, führt unser daraus entstehender falscher Glaube an die Selbstgenügsamkeit dazu, dass wir unsere eigenen Grenzen missverstehen. Was uns von der „Nicht-genug-Kultur" befreien kann, sind nicht mehr Geld, mehr Zeit oder mehr Sicherheit.

Als ich die 10 000 Dollar, die ich mir gewünscht hatte, bekam, veränderte das mein Leben nicht. Doch in jenem Jahr, als ich die „10 Alexander-Regeln" schrieb, fing ich etwas Neues an, aus dem eine ganz andere Liste entstand – vier Prinzipien, durch die sich der Rhythmus unserer Beziehung mit Gott verdeutlichen lässt. Sie brachten meine Furcht endlich zum Schweigen und waren die Antwort auf mein Gefühl des Mangels.

Diese vier Prinzipien sind die Garantie der Fülle Gottes, die er uns schon die ganze Zeit angeboten hat. Jesus hat gesagt: „Ich bin gekommen, um ihnen Leben zu bringen – *Leben in ganzer Fülle*" (Johannes 10,10; Hervorhebung durch den Autor). Dieser Weg der Wahrheit führt uns viel weiter als die beiden Lügen des Mangeldenkens und der Wohlstandstheologie. In den folgenden Kapiteln werden wir diesem Weg hin zur wahren Fülle gemeinsam folgen – vielleicht nicht so, wie Sie es sich bisher vorgestellt haben, aber so, wie Gott verspricht, alle Ihre Bedürfnisse heute zu erfüllen.

Eine hungrige Menschenmenge auf einem Hügel

Jesus sagt, dass wir wie Kinder werden müssen, wenn wir in sein Reich kommen wollen (siehe Matthäus 18,3). Immer wieder hören wir von Kindern wie Jaden, die durch ihren Mut und ihre reine Güte dem Reich Gottes näher zu sein scheinen als die meisten desillusionierten Erwachsenen heute.

Jadens Geschichte erinnert mich an einen anderen Jungen. Sein Name ist uns nicht bekannt, aber was er schenkte, wird in der Bibel nicht nur einmal, sondern viermal berichtet. Auch er fand den Weg heraus aus seinem eigenen Mangel in die Fülle Gottes.

Um jedoch zu verstehen, wie wichtig das war, was der Junge tat, müssen wir uns ein wenig in den Zusammenhang hineinversetzen, in dem diese Geschichte steht. Das Leben, das Wirken und die Auferstehung von Jesus werden im Neuen Testament viermal berichtet, in vier unterschiedlichen Evangelien, die von vier verschiedenen Autoren verfasst wurden. Jedes dieser Bücher enthält zahlreiche Beispiele dafür, wie Jesus die physischen Bedürfnisse der Menschen in seiner Umgebung erfüllte. In jedem der vier Evangelien finden sich Berichte darüber, wie Jesus Blinde geheilt und Ausgestoßene angenommen hat. Doch nur eines dieser Wunder, die vor der Auferstehung geschahen, wird in allen vier Büchern erzählt, was seine besondere Bedeutung hervorhebt.

Nachdem Jesus vom Tod Johannes des Täufers gehört hat, zieht er sich an einen einsamen Ort zurück. Wir wissen nicht, wie lange er dort allein war, aber schließlich gehen die Jünger ihn suchen. Jesus ist zu einer bekannten Persönlichkeit geworden und so strömen die Menschen aus der Gegend herbei und folgen ihm und seinen Jüngern weit hinaus in die Wildnis. Die Bibel berichtet, dass Jesus Mitleid mit den Leuten hat, als er ihre Not erkennt. Er stellt seine eigene Trauer zurück und hilft ihnen. Er lehrt, heilt und inspiriert sie.

Fünftausend Männer hören ihm an jenem Tag zu und die meisten Ausleger schätzen, dass die gesamte Zuhörerschaft einschließlich Frauen und Kindern an die fünfzehntausend Menschen umfasste. Angesichts dieser Menschenmenge fordert Jesus seine Jünger auf: „Gebt ihnen zu essen" (Matthäus 14,16; Markus 6,37; Lukas 9,13).

Im Johannesevangelium heißt es weiter, dass Jesus Philippus beiseitenimmt und ihn fragt: „Wo können wir so viel Brot kaufen, dass alle diese Leute zu essen bekommen?" (6,5). Obwohl Philippus in diesem Moment den Sohn Gottes vor sich hat, ist er immer noch in den Regeln der menschlichen Ökonomie gefangen und antwortet: „Selbst für zweihundert Denare würde man nicht genug Brot bekommen, um jedem auch nur ein kleines Stück zu geben" (Vers 7).

Ein nicht mit Namen genannter Jünger schlägt daraufhin vor, die Leute wegzuschicken, damit sie sich in den umliegenden Orten etwas zu essen kaufen und eine Unterkunft finden können. Seine Botschaft ist klar: Soll sich doch jemand anderes um die Not dieser Leute kümmern; wir haben schon genug getan.

Oberflächlich betrachtet ergibt seine Reaktion Sinn. Die Jünger suchen nach Lösungen, um für diese unerwartete Menschenmenge zu sorgen. Aber aus ihren Vorschlägen lassen sich auch Vorsicht, Furcht und ein Mangeldenken herauslesen. Ja, sie hatten Jesus dabei beobachtet, wie er hier und da einzelne Menschen heilte. Ein Gelähmter konnte wieder gehen. Die Haut eines Aussätzigen wurde heil. Aber das hier? Tausende von Menschen drängen sich um sie. Fünfzehntausend leere Mägen knurren. Natürlich hat nicht einmal Jesus die Mittel, mit dieser Situation klarzukommen.

Ein anderer Jünger, Andreas, führt dann die Wende herbei: Er hat einen Jungen gefunden, dessen Name nicht überliefert wird und der fünf Brote und zwei Fische dabeihat. Für einen Einzelnen ist das eine üppige Mahlzeit; vielleicht hatte das Kind auch Essen für die ganze Familie dabei. Aber was war diese geringe Menge schon für Tausende von Menschen? Wie kann so wenig für so viele reichen?

Doch der Sohn Gottes nimmt das, was man ihm gibt, ohne es zu kommentieren. Er weist die Menschen an, Platz zu nehmen. Dann nimmt er das Essen, segnet es, bricht es in Stücke und reicht es weiter.

Und alle bekommen etwas davon ab.

Genau wie die Menschen heute lebten auch die Juden des 1. Jahrhunderts mit dem Gefühl des Mangels und der Furcht. Jahrhundertelang kämpfte das auserwählte Volk Gottes gegen Feinde, die sie unterdrückten und oft sogar töteten. Als Jesus zur Welt kam, wurden die Juden gerade von einer brutalen römischen Regierung beherrscht, die sowohl Gott als auch die jüdischen Traditionen leugnete. Die Juden wurden hart besteuert und streng verwaltet. Hungersnöte waren ein häufiges Problem. Und so ist es umso erstaunlicher, wenn die Evangelien uns berichten, dass die Leute an jenem Tag aßen, bis sie satt waren. Und nicht nur das – es blieben auch noch zwölf Körbe mit Resten übrig.

Alles von einer einzigen Mahlzeit.

Kein Wunder, dass diese Geschichte in allen Evangelien überliefert ist. Jesus sorgte sich um die neugierige Menschenmenge so sehr, dass er ihre Not in überreichem Maß stillte. Das verdeutlicht den wahren Kern seiner Botschaft – denn diese verheißt nicht nur die ewige Fürsorge im Himmel, sondern sie zeigt auch, dass Jesus sich ganz praktisch um die Versorgung der Menschen hier auf der Erde kümmert.

Das gilt auch für uns heute. Wenn wir in einer Gesellschaft leben, die uns Gegenwind bietet, wenn wir unter einem Mangel an Ressourcen leiden und ein tiefes Gefühl der Unsicherheit und Ungewissheit empfinden, dann schenkt uns das Wunder, das Jesus auf dem Hügel vollbracht hat, Einsicht in Gottes reiche Fürsorge.

Was Jesus an jenem Tag getan hat, wird uns das ganze Buch hindurch begleiten. Wir werden es uns genauer ansehen, das Wunder in vier verschiedene Handlungen aufteilen – was Brueggemann die „vier entscheidenden Verben unserer sakramentalen Existenz"[7] nennt – und uns dann überlegen, wie diese den Rhythmus der Beziehung zwischen Gott und seiner Schöpfung widerspiegeln. In dieser Beziehung schenkt Gott uns seine Fürsorge, die uns selbst in den furchterregendsten Zeiten des Mangels schützt und auch vor den verführerischen Lügen des Teufels.

Jesus *nahm* das Brot, *segnete* es, *zerbrach* es und *gab* es den Menschen. Dieses Muster bindet uns in einen Beziehungsrhythmus mit unserem Schöpfer ein, der auch unseren Glauben und Gottes Reaktion darauf umfasst. In diesem Buch wollen wir diesen Rhythmus gemeinsam betrachten. Sehen wir uns also an, wie Gott wirkt und für uns sorgt!

1. Er nimmt – wir entdecken Möglichkeiten.

Als Jesus die Brote und Fische nahm und seinen Blick zum Himmel richtete, sah er ein Potenzial, das niemand sonst sah. Jesus erkannte nicht nur die Not der Menschen, sondern auch die *Möglichkeiten,* die in den Broten und Fischen steckten.

Im ersten Teil dieses Buches wollen wir herausfinden, wie wir die Möglichkeiten verstehen und erkennen können, die Gott in uns, in andere Menschen und in seine Schöpfung hineingelegt hat. Wir werden sehen, wie diese Möglichkeiten, die auf Gottes Zielen und seiner Ehre beruhen, uns lehren, über unser eigenes Potenzial hinauszusehen und die ewigen und unbegrenzten Möglichkeiten zu entdecken, die in der Schöpfung verborgen sind.

2. Er segnet – wir stellen uns ihm zur Verfügung, laden ihn ein.

Jesus nahm die Brote und die Fische und segnete sie; er weihte sie Gott zu seiner Ehre. Jesus segnete eine einfache Mahlzeit und machte aus ihr etwas, das sowohl ein körperliches als auch ein geistliches Bedürfnis erfüllte. Etwas Gott zu weihen, bedeutet, es zu etwas Heiligem zu machen, es von allem anderen abzusondern. Ich habe auch schon gehört, es würde dadurch mit Lebenskraft erfüllt.

Im zweiten Teil des Buches werden wir uns mit der Frage beschäftigen, was es heißt, Gott das zur Verfügung zu stellen, was wir haben – egal wie groß oder gering es uns zu diesem Zeitpunkt erscheinen mag. Wir wollen herausfinden, was es bedeutet, Gott nicht nur in unser geistliches Leben einzuladen, sondern auch in unseren Alltag – unseren Besitz, unsere Schulden, unsere Arbeit, in unsere Familie und auch in unsere Schwachheit. Wenn seine Heiligkeit, seine Gegenwart und Kraft in unser eindimensionales Leben kommen, dann geschieht etwas Machtvolles.

3. Er zerbricht – er ordnet unser Leben durch Herausforderungen neu.

Jesus zögerte nicht, das Brot zu zerbrechen und den Fisch zu teilen, nachdem er sie gesegnet hatte. So zögert er auch nicht, uns von Zeit zu Zeit im übertragenen Sinn zu zerbrechen. Ein Gott geweihtes Leben ist normalerweise weder perfekt noch einfach. Das Leben führt uns in Wüstenerfahrungen hinein – Tod, Krankheit, Jobverlust, familiäre Probleme und vieles mehr. Diese schmerzhaften und schwierigen Erlebnisse bringen uns an Orte des scheinbaren Verlustes und Mangels. Und doch wohnt Gott ebenso in der Wüste wie an den angenehmen Orten.

In Teil 3 möchte ich Ihnen von dunklen Zeiten in meinem Leben erzählen, damit wir gemeinsam entdecken können, wie die Zerbrochenheit uns neue Orientierung und neue Perspektiven schenkt. Wir werden sehen, dass Wunder oft aus schmerzhaften Zeiten hervorgehen. Die Herausforderungen, die wir zu bestehen haben, stellen unseren Glauben zutiefst auf die Probe. Doch wenn wir uns in der Wüste befinden, sind wir damit auch an dem Ort, an dem wir eine neue Perspektive finden für die Fülle Gottes und seine ewige Fürsorge.

4. Er gibt – er versorgt, oftmals durch Gemeinschaft.

Jesus gab anderen das Brot und die Fische weiter, damit sie das Essen verteilten. Das Wunder, das mit der Mahlzeit des Jungen geschah, wäre verhindert worden, wenn die Jünger und die Leute, die sich in der Nähe von Jesus aufhielten, sich geweigert hätten, daran mitzuwirken. Echte Fürsorge geschieht, wenn wir Gemeinschaften bilden, die den Leib von Christus repräsentieren, indem sie einander dienen. Wir begegnen Jesus, wenn wir unsere eigenen Wünsche und unseren Egoismus loslassen und uns darauf konzentrieren, die Menschen in unserem Leben zu lieben, selbst wenn diese uns nicht liebenswert erscheinen.

Die Fülle Gottes und unser Egoismus lassen sich nicht miteinander vereinbaren. In Teil 4 werden wir herauszufinden versuchen, wie das Gefühl des Mangels auftritt, sobald wir unsere Rolle nicht so sehen, wie Gott sie sieht – dass nämlich jedes Opfer eine Investition in die Gemeinschaft ist.

Wenn Sie viel im Neuen Testament gelesen haben, werden Ihnen diese vier Handlungen bekannt vorkommen. Tatsächlich gibt es im Neuen Testament fünf Geschichten, in denen sich dieses Muster wiederfindet.

Mit vier einfachen und doch tiefgründigen Handlungen zeigt Jesus, dass er für uns sorgt. Uns immer wieder daran zu erinnern, kann zu einer Leitplanke in unserem Leben werden. Die weiteren Kapitel dieses Buches sind der Frage gewidmet, wie diese vier Handlungen ineinandergreifen und den Rhythmus unserer Beziehung zu Gott widerspiegeln – ein Rhythmus, bei dem wir Gott suchen und er uns seine Fürsorge schenkt.

Das Muster der Fürsorge Gottes: Fünf Beispiele aus dem Neuen Testament

Einige Zeit nachdem Jesus das Wunder mit den fünf Broten und zwei Fischen vollbracht hat, berichten das Matthäus- und das Markusevangelium von einer zweiten, seltsam ähnlichen Begebenheit. Wieder ist Jesus draußen in der Wildnis von einer Menschenmenge umgeben. Er lehrt sie, heilt sie und hilft ihnen. Nach Matthäus 15,32 sagt er dann zu seinen Jüngern: „Mir tun diese Menschen leid. Seit drei Tagen sind sie nun schon bei mir und haben nichts zu essen. Ich will sie nicht hungrig nach Hause gehen lassen, sonst könnten sie unterwegs vor Erschöpfung zusammenbrechen."

Jesus stellt diese Frage seinen engsten Begleitern, nachdem diese kurz zuvor miterlebt haben, wie er fünfzehntausend Menschen mit nur einem Lunchpaket satt gemacht hat. Und trotzdem fragen sie ungläubig: „Wo sollen wir denn in dieser einsamen Gegend genug Brot hernehmen, um eine so große Menge satt zu machen?" (Vers 33). Eine Frage, die uns auf unangenehme Weise bekannt vorkommt. *Herr, warum bittest du uns schon wieder, das Unmögliche zu tun?*

Manchmal sind unsere Zweifel größer als unser Gedächtnis.

Jesus reagiert natürlich mit Liebe und indem er die Menschen versorgt. Er nimmt das Essen, das verfügbar ist – in diesem Fall sind es sieben Brote und „ein paar kleine Fische", er dankt dafür, zerteilt es und gibt es weiter. Wieder sind mehrere Körbe voll übrig.

Die dritte Geschichte, in der sich dieses Muster wiederfindet, ist die letzte Mahlzeit, die Jesus gemeinsam mit seinen Jüngern einnimmt: das Abendmahl (siehe Matthäus 26,26-28; Markus 14,22-24; Lukas 22,19-20). Als die Stunde seines Todes naht, nimmt Jesus das Brot und den Wein. Er dankt dafür und segnet das Mahl. Dann bricht er das Brot in Stücke und teilt es mit seinen engsten Freunden. Die Wunder, die er zuvor getan hat, stillten in reichem Maß die körperlichen Bedürfnisse der Menschen. Doch das Abendmahl und die damit verbundenen Handlungen sollten den geistlichen Bedürfnissen der Jünger begegnen und sie emotional auf die kommenden Belastungen vorbereiten. Und diese würde es reichlich geben: eine Verhaftung. Eine Kreuzigung. Ein Begräbnis. Und dann ein leeres Grab.

Die vierte Begebenheit nach diesem Muster wird in Lukas 24 geschildert. Am dritten Tag nach dem Tod von Jesus verlassen zwei seiner Jünger morgens in niedergeschlagener Stimmung Jerusalem. Jesus selbst kommt dazu und geht mit ihnen. Die beiden erkennen ihn nicht, nicht einmal, als er ihnen die Worte der Propheten auslegt und ihnen erklärt, warum der Messias leiden musste. Erst als sie sich zu einer gemeinsamen Mahlzeit niederlassen, geschieht das Wunder. „Als er dann mit ihnen am Tisch saß, nahm er das Brot, dankte Gott dafür, brach es in Stücke und gab es ihnen. Da wurden ihnen die Augen geöffnet und sie erkannten ihn. Doch im selben Augenblick verschwand er; sie sahen ihn nicht mehr" (Verse 30-31).

Und als ob das noch nicht reichen würde, gibt uns Gott noch ein weiteres Beispiel, wie sich in zwei scheinbar ganz gewöhnlichen Handlungen seine überreiche Fürsorge widerspiegelt. In Apostelgeschichte 27 lesen wir, dass der Apostel Paulus als Gefangener der römischen Regierung auf ein Schiff gebracht wird, das ihn in einer gefährlichen Überfahrt zum Gerichtsprozess nach Rom bringen soll. Die Reise geht furchtbar schief und das Schiff gerät in einen Sturm, der mehr als zwei Wochen anhält. Die Crew fürchtet sich, doch Paulus versichert ihnen, dass sie überleben werden. Ein Engel ist ihm im Traum erschienen und hat es ihm so gesagt. Paulus ermutigt die Besatzung zu essen. Er selbst „nahm ein Brot, dankte Gott vor allen dafür, brach ein Stück davon ab und begann zu essen" (Vers 35). Am nächsten Morgen läuft das Schiff an einem sandigen Ufer auf Grund und sie sind gerettet.

Bei einer so langen Tradition ist es kein Wunder, dass die christliche Kirche auch heute noch alle vier Handlungen wiederholt, die Jesus bei der letzten Mahlzeit mit seinen Jüngern vollzog. Auf diese Weise feiert die Kirche das Abendmahl und erinnert an den Tod und die Auferstehung von Jesus. Es ist ein Gnadenmittel und ein Vorgeschmack dessen, dass wir eines Tages tatsächlich am Festmahl im Himmel teilnehmen werden.

Wenn etwas in der Heiligen Schrift fünfmal wiederholt wird, dann verdient es sicherlich unsere Aufmerksamkeit. Das aus vier Schritten bestehende Muster der Fürsorge Gottes hat mich zu diesem Buch inspiriert. Jedes Mal wenn Gott für die körperlichen oder geistlichen Bedürfnisse der Menschen sorgte, verhalf er ihnen damit zu einer tieferen Erkenntnis über ihn oder er rettete jemanden. Jeder Schritt ist in Gottes Verheißungen verwurzelt.

Teil 1

Möglichkeiten entdecken

Nachdem [Jesus] angeordnet hatte, die Leute sollten sich im Gras lagern, *nahm er die fünf Brote und
die zwei Fische, blickte zum Himmel auf* und dankte Gott dafür. Dann brach er die Brote in Stücke
und gab sie den Jüngern, und die Jünger verteilten
sie an die Menge.

Matthäus 14,19;
Hervorhebung durch den Autor

Kapitel 1

Das Land der Möglichkeiten

Entdecken, was verborgen ist

Mit 26 Jahren wurde ich Christ. Meine Mutter, die nicht gläubig war, reagierte tief besorgt. „Glaubst du wirklich, dass Jona drei Tage im Bauch eines Fisches überlebt hat?", fragte sie. „Und dass Noah mit einem Schiff voller Tiere eine globale Flut überstanden hat?" Sie befürchtete, ich sei ein religiöser Fanatiker geworden – jemand, der an Wunder und andere Verrücktheiten glaubte.

Doch nach Auffassung von Albert Einstein – der ein jüdischer Wissenschaftler und wohl kaum ein religiöser Fanatiker war – ist entweder alles ein Wunder oder gar nichts.[8] Und wenn wir die Welt um uns herum betrachten, verstehen wir schnell, was er meint. Tatsächlich geschehen Wunder jeden Tag, in unserem direkten Umfeld.

Wenn wir am Strand entlanggehen und den Sand unter unseren Füßen spüren, ist uns selten bewusst, dass wir gerade über das zweitwichtigste chemische Element dieser Erde spazieren – Silizium. Es existiert schon so lange, wie die Erde trockenes Land besitzt; doch erst in den letzten Jahrzehnten haben Menschen entdeckt, was man so alles damit machen kann. Wenn Silizium gereinigt, zu Barren geformt und dann in Scheiben geschnitten wird, kann man Mikrochips und Halbleiter daraus herstellen. Diese Chips werden zum „Gehirn" unserer Notebooks, Smartphones, Autos und zunehmend auch unseres Zuhauses.

Wenn jemand meiner Mutter vor dreißig Jahren erzählt

hätte, dass sie einmal ein Gerät in ihrer Tasche haben würde, das Tausende von Songs speichern, innerhalb von Sekunden Botschaften ans andere Ende der Welt versenden und ihren exakten Standpunkt ermitteln kann, sodass sie sich nie wieder verirrt, und das alles mithilfe von Satelliten, die hoch über der Erde kreisen, dann hätte sogar sie gesagt: „Das ist ein Wunder!"

Die Jerusalemer Nano-Bibel, das kleinste gedruckte Werk, das es je gab, passt auf einen Stecknadelkopf. Bald schon werden unsere Autos von allein fahren. Doch so beeindruckend menschliche Erfindungen auch sein mögen, die Möglichkeiten, die Gott in seine natürliche Schöpfung hineingelegt hat, befinden sich jenseits unseres Vorstellungsvermögens.

Kürzlich habe ich ein Video des Autors und Professors Dr. Steven Shepard von der *University of Southern California* gesehen. Es handelte von der Komplexität der modernen Telekommunikation. Voller Begeisterung erklärte er, dass das zuverlässigste Telekommunikationsnetzwerk der Welt heute eine jährliche Ausfallzeit von nur vierzehn Minuten hat. Vierzehn Minuten Ausfallzeit mag sich gut anhören, es sei denn, man überlegt sich, welche Konsequenzen es hätte, wenn das auch für andere Systeme wie den menschlichen Körper gelten würde. Unser Herz schlägt in über siebzig Jahren durchschnittlich 2,5 Milliarden Mal. Eine vierzehnminütige Ausfallzeit wäre wahrscheinlich tödlich, selbst wenn sie nur einmal auftreten würde, und erst recht, wenn so etwas *jedes Jahr* vorkäme.[9]

Ist das menschliche Herz, das so viel zuverlässiger und effizienter ist als die besten von Menschen entwickelten Systeme, also ein Wunder?

Aspirin wurde ursprünglich aus der Rinde eines Weidenbaumes hergestellt.[10] Wissenschaftler verwenden spezielle genetische Sequenzen, die sie in Seeigeln gefunden haben, um neue Medikamente gegen Alzheimer und Krebs zu entwickeln.[11] Penicillin stammt von einem Pilz.[12] Chronischer Bluthochdruck wird mit einem Medikament behandelt, das aus Schlangengift gewonnen wird. Die häufigste bösartige Krebserkrankung im Kindesalter, die akute lymphatische Leukämie, lässt sich mit einer Arznei behandeln, die aus dem Madagaskar-Immergrün gewonnen wird. Fünf der zehn am häufigsten verordneten Medikamente haben ihren Ursprung in Tieren, Pflanzen oder Mikroorganismen.[13] Auch viele andere Arzneimittel haben einen pflanzlichen Ursprung.

All dies erscheint mir wie ein großes Wunder.

Nun werden Sie wahrscheinlich einwenden: Sand in Mikrochips zu verwandeln oder Baumrinde in eine Medizin, ist ein rein wissenschaftlicher Vorgang. Es ist nichts Übernatürliches. Passt das wirklich zur Definition eines Wunders?

Sie haben recht. Menschliche Errungenschaften müssen mit den Gesetzen der Wissenschaft und der Natur im Einklang stehen – und diese hat Gott bei der Schöpfung in Kraft gesetzt.

Doch haben Sie sich schon einmal Gedanken darüber gemacht, wie komplex, wie perfekt gestaltet, ja wie *übernatürlich* diese wissenschaftlichen Gesetze sind? Gott hat die Natur so exakt geschaffen und mit so viel Voraussicht, dass die Milliarden kleiner Teile – all jene Galaxien und Sterne, alle Zellen im Herz, all die Moleküle im Sand – Jahr für Jahr zusammenwirken. Jede Generation entdeckt mehr von den Geheimnissen und Details, die seit Anbeginn für uns vorgesehen waren. Es sind göttliche Lösungen für all unsere Bedürfnisse.

Wenn ich die komplexen Zusammenhänge um mich herum betrachte und sehe, welche sorgfältigen Überlegungen in jedes Detail der Natur geflossen sind, dann habe ich nur ein Wort, um all dies zu beschreiben: *Wunder*.

Und es gibt nur Einen, der uns das Wunder einer perfekten Fürsorge schenken kann.

Die Möglichkeiten von fünf Broten und zwei Fischen erkennen

Das Wunder, mit dem Jesus die Menschen auf dem Hügel versorgte, begann damit, dass er *das Brot nahm und zum Himmel aufblickte.* Er schaute nicht auf die Menschenmenge mit ihrer drängenden Not und ihren wachsenden Zweifeln. Er sah auch nicht auf seine Jünger, die ihm zwar nachfolgten, aber noch nicht das ganze Bild erkennen konnten. Er richtete seinen Blick auf Gott, den Schöpfer all dessen, was werden kann, und folglich sah er nicht das, was das dürftige Mahl darstellte, sondern *was daraus werden konnte.*

Er erkannte die Möglichkeit dessen, was ihm anvertraut worden war.

Solche Möglichkeiten, solch eine verborgene Kraft hat Gott in allen Dingen und in allen Menschen angelegt. Und er will, dass diese Möglichkeiten Realität werden, für seine Ziele und zu seiner Ehre. Um uns zu versorgen, unternimmt Gott den ersten Schritt auf uns zu, und das tut er durch die Schöpfung. Unsere Reaktion auf sein Angebot besteht darin, dass wir offen dafür sind, diese Möglichkeiten in allen Menschen und allen Dingen zu sehen. Damit entsteht der erste Aspekt des Versorgungsmusters, das Gott uns anbietet.

Dass Möglichkeiten Realität werden, erleben wir jedes Mal, wenn wir uns eine Fernsehshow ansehen, in der Menschen auf ein bestimmtes Ziel zugehen: abnehmen, ein neues Talent entwickeln, ein Haus sanieren. Wir werden in diese Geschichten der Erneuerung und Verwandlung mit hineingenommen und sind gespannt, was daraus wird.

Wenn wir verstehen, welche Möglichkeiten Gott in alle Menschen und alle Dinge auf der Welt hineingelegt hat, dann denken wir noch einen Schritt weiter und fragen uns: *Was kann aus mir werden?*

Wir alle waren einmal eine befruchtete Eizelle und dann ein neugeborenes Kind. Tatsächlich besteht unser ganzes Leben darin, die Möglichkeiten und das Leben in uns zu entfalten. Und Gott ist mit diesem Prozess noch lange nicht am Ende. Darum brauchen wir einen staunenden Blick wie ein Kind, um uns das gute Werk vorstellen zu können, das Gott in unserem Leben und im Leben anderer vollbringen will.

Wenn ich mit einer Gruppe oder auch mit einzelnen Menschen über verborgene Möglichkeiten spreche (ich verwende hier auch oft den Begriff der Kapazität), dann taucht in der Regel die Frage auf, ob das dasselbe ist wie Potenzial. Dieser Begriff ist heute viel gängiger und wird sowohl von Selbsthilfegurus als auch von Wirtschaftsberatern verwendet.

Ich habe mich für den Begriff der Möglichkeiten (und der Kapazität) entschieden, weil das Wort Potenzial sich oft auf begrenzte, greifbare Projekte bezieht, die wir ohne Gottes Hilfe verfolgen. Was ich hier beschreiben möchte, ist mehr als die Frage, wie man einen ungenutzten Schrank in ein Minimediencenter verwandelt oder wie man den Herstellungsprozess eines neuen Produktes profitabler gestaltet. Diese Ideen basieren auf menschlichen Fähigkeiten und sind auf das begrenzt, was wir sehen und mit unserer menschlichen Perspektive verbessern können.

Mit anderen Worten: Die Suche nach Potenzial ermutigt Menschen, ihrer Intuition zu folgen, und nicht, zu beten und offen für Gott zu sein. Verborgene Möglichkeiten jedoch kann man nur mit Gottes Perspektive erkennen, denn sie basieren auf seinen Fähigkeiten und seiner Fürsorge. Das Potenzial hat immer Grenzen, aber die Möglichkeiten sind unbegrenzt. Wie ich diese Begriffe verstehe und verwende, ist für die weiteren Ausführungen sehr wichtig.

Vor ein paar Jahren stand ich in einer kargen Wüste in der Nähe des Toten Meeres in der Westbank und blickte auf die Ruinen von Qumran hinunter, eine alte Siedlung in der Nähe der Höhlen, wo die Schriftrollen vom Toten Meer gefunden wurden. Zwischen den Ruinen befanden sich ausgetrocknete, rissige Zisternen, die früher der Wasserversorgung dienten. In der damaligen Zeit zählten sie sicherlich zu den Höhepunkten der Ingenieurskunst; sie waren eine kreative Lösung für das Problem nicht vorhersagbarer Regenfälle und unzuverlässigen Wasservorrats. Sie waren eine Lösung, in der viel *Potenzial* steckte. Aber menschliches Potenzial ist begrenzt und heute könnte man sich auf diese Zisternen nicht mehr verlassen. Allerdings gibt es im ganzen judäischen Gebiet auch natürliche Quellen, die frisches, Leben spendendes Wasser an die Erdoberfläche bringen, so wie sie es schon seit Jahrhunderten getan haben. Die Kapazität, die *Möglichkeiten,* die in diesen Quellen stecken, sind unbegrenzt.

Als ich die Zisternen betrachtete, musste ich an Jeremia 2,13 denken, wo es heißt: „Mein Volk hat eine doppelte Sünde begangen: Erst haben sie mich verlassen, die Quelle mit Leben spendendem Wasser, und dann haben sie sich rissige Zisternen ausgehauen, die überhaupt kein Wasser halten."

Nur allzu oft ist es bei uns genauso: Wir versuchen, unsere Löcher selbst zu füllen und unsere Bedürfnisse zu befriedigen, und das alles mit unseren begrenzten Fähigkeiten. Und es sollte uns nicht überraschen, wenn uns das nur selten gelingt. Wir leben wie zerbrochene Zisternen und das Einzige, was uns wirklich erfüllen kann, ist Leben spendendes Wasser. Gott ist dieses Leben spendende Wasser. Wenn wir unsere eigenen Zisternen herstellen, haben wir am Ende nur undichte Tongefäße und faules Wasser. Doch womit Gott uns versorgt, das hält ewig.

Nach oben schauen

Es ist schon etliche Jahre her, da erwies sich der Sohn meiner besten Freunde als ein ungewöhnlich begabter Tennisspieler. Er gewann Turniere, verschiedene Trainer wurden auf ihn aufmerksam und fragten nach ihm. Viele Eltern würden das als ein großes Geschenk betrachten, doch mein Freund schien nicht übermäßig begeistert zu sein, als er mir davon erzählte. Denn er selbst war zu der Zeit der geistliche Betreuer eines professionellen Herren-Tennisteams und mit einigen der weltbesten Tennisprofis befreundet. Darum wusste er genau, welcher intensive Einsatz von der ganzen Familie verlangt würde – sowohl physisch als auch mental –, wenn sein Sohn Erfolg haben wollte. Und einiges davon sah er als problematisch an. Allerdings wollte mein Freund seinen Sohn auch nicht von dem Weg abhalten, den Gott vielleicht für ihn vorgesehen hatte.

Mein Freund betete lange und intensiv über dieser Frage, er suchte den Rat anderer Menschen und hatte am Ende den Eindruck, dass Gott seinen Sohn in eine andere Richtung führen wollte. Der Junge war nicht zum schwierigen Weg eines Profisportlers berufen. Er besaß zwar die Anlage für hervorragende Leistungen, doch mein Freund hatte im Gebet erkannt, dass Gott dieses Vermögen nicht für seine Ziele oder zu seiner Ehre nutzen würde. Aus dem Kind wurde ein Erwachsener, der nun in einem anderen Beruf arbeitet und darin glücklich ist. Und der eine stabile Beziehung zu Gott hat, seinem Herrn.

In dieser Geschichte wird ein zweiter Punkt deutlich, der mir in Bezug auf den Begriff der Möglichkeiten wichtig ist: Wir entdecken diese verborgenen Kräfte dadurch, dass wir nach Gottes Zielen streben und nach seiner Ehre statt nach unserer eigenen. Wenn wir jede Chance, die sich uns bietet, nur nach dem Ziel beurteilen, unsere eigene Erfahrung und unsere eigenen Ergebnisse zu maximieren, dann ist unsere Sicht auf das Endergebnis sehr begrenzt. Wenn wir aber offen sind für die ultimative Geschichte, die nur Gott erzählen kann und die in erster Linie ihn ehrt, dann gelangen wir dorthin, wo wir die Chance bekommen, sein Reich zu fördern.

Zu viele Menschen – auch ich manchmal – gehen den Weg der „Potenzialmaximierung", ohne jemals ernsthaft nach Gott zu fragen. Geschäftsleute, die sich an ihren eigenen Maximierungsmodus gebunden haben, und Privatpersonen, die entschlossen sind, ihr menschliches Potenzial voll auszuschöpfen, werden im Lauf dieses Prozesses oft stolz, arrogant und selbstgefällig. Doch darum soll es in diesem Kapitel nicht gehen.

Es ist schon eine Herausforderung, das Buch an dieser Stelle zu beginnen, denn „Kapazität" ist eines der am schwierigsten fassbaren Konzepte in dieser modernen von Zahlen und Daten bestimmten Welt. Unsere Kultur hat uns den Gedanken eingeimpft, dass alles, was wir nicht sehen können, nicht real ist. Dass unsere Ressourcen eine Nullsumme sind (was eine Person erlangt hat, das hat eine andere verloren). Immer wieder redet man uns ein, dass es keine Wunder gibt.

Bei den Möglichkeiten geht es um das, was Gott sieht, und das ist viel größer als selbst das umfangreichste menschliche Potenzial. Die Möglichkeiten sind multidimensional, sie vereinen das der gesamten Schöpfung innewohnende Potenzial unter dem Banner der Ziele Gottes und seiner Ehre. Bei der Kapazität geht es nicht um uns.

Wir tappen deshalb so leicht in Satans Falle des Mangeldenkens, weil wir kaum noch die Zeit haben, innezuhalten und für all den Segen dankbar zu sein, mit dem Gott uns überschüttet, für die Möglichkeiten, die er in uns hineingelegt hat, um anderen zum Segen zu werden.

Es wird zunehmend schwieriger, einen Sabbattag der Ruhe und der geistlichen Regenerierung zu haben oder auch nur die Gelegenheit, über das nachzudenken, was in dem Bereich existiert, den wir mit unseren Augen nicht sehen können. Doch wenn wir aufgehört haben hinzusehen, heißt das noch lange nicht, dass es nicht mehr existiert.

Gott zeigt uns immer und immer wieder, wie wichtig es ist, den Blick *nach oben* zum Himmel zu richten, um zu sehen, was sein könnte. In Psalm 121,1-2 schreibt David: „Ich richte meinen Blick empor zu den Bergen – woher wird Hilfe für mich kommen? Meine Hilfe kommt vom Herrn, der Himmel und Erde geschaffen hat." In Daniel 4,31 heißt es von König Nebukadnezar, nachdem er gedemütigt worden war und unter wilden Tieren gelebt hatte: „Ich schaute hilfesuchend zum

Himmel empor, und da erlangte ich meinen Verstand wieder." Und in Johannes 3,14-15 sagt Jesus: „Wie Mose damals in der Wüste die Schlange erhöhte, so muss auch der Menschensohn erhöht werden, damit jeder, der glaubt, in ihm das ewige Leben hat."

In Gottes Möglichkeiten zu leben, verändert einfach alles. Es geht dann nicht mehr darum, ob wir ein Leben im Mangel führen und ob wir genug haben, denn im Blick auf Gottes Ziele kann aus allem, was wir sind und haben, mehr werden.

Das Land der Möglichkeiten

Als Jugendlicher schnitt Jeremy Cowart bei Eignungstests immer schlecht ab. Stets wurde ihm mitgeteilt, er sei nur unterdurchschnittlich begabt. Wenn es nach der Meinung seiner Lehrer und Mitschüler ging, dann würde er in seinem Leben nichts Besonderes oder gar Außergewöhnliches vollbringen. „Ich kann das nicht", lautete seine Antwort auf fast alles. Doch seine Eltern machten ihm jede Woche Mut mit dem Vers aus Philipper 4,13, der ihm Leben einhauchte und ihm sagte: „Nichts ist mir unmöglich, weil der, der bei mir ist, mich stark macht."

Jeremy entdeckte seine Liebe zum Zeichnen und Malen. Nach dem College wurde er Grafikdesigner in Nashville und entwickelte sein Talent, indem er dort mit Musikern zusammenarbeitete und Schallplatten aufnahm. Eines Tages schlug ein Freund ihm vor, es doch einmal mit der Fotografie zu versuchen, und Jeremy entdeckte eine neue Quelle der Möglichkeiten, von der er vorher noch nichts geahnt hatte.

Aus dem Nichts rief ihn eine Agentur an und ehe er sich's versah, fotografierte Jeremy berühmte Stars und brachte beliebte Social-Media-Apps für Fotografen heraus. Zehn Jahre später bezeichnete die *Huffington Post* ihn als den „einflussreichsten Fotografen im Internet"[14]. Doch Jeremys wahrer Erfolg geht nicht darauf zurück, dass er die Reichen und Berühmten fotografierte.

Inspiriert durch seinen Glauben und durch die Überzeugung, dass eine große Begabung für große Ziele eingesetzt werden sollte, gründete Jeremy die Initiative *Help Portrait*. Er gewann hunderttausend Fotografen für das Projekt, kostenlose Porträts von benachteiligten Menschen überall auf der Welt anzufertigen. Als Folge davon erhielt Jeremy im Jahr 2010 nur wenige Tage nach einem katastrophalen Erdbeben auf Haiti die Einladung, die Insel zu besuchen und die Geschichten von Hoffnung und Zerbruch im Bild festzuhalten. In seinem Foto-Essay *Voices of Haiti* bringen Bewohner der Insel ihre Gedanken und Gebete auf Schuttteilen zum Ausdruck. Die Fotos wurden später im Saal der Vereinten Nationen ausgestellt.

Im Jahr 2011 reiste Jeremy Cowart mit einem Dokumentationsteam nach Ruanda, um die Geschichten von Versöhnung und Vergebung zu erzählen, die sich dort seit dem Jahrzehnte zuvor geschehenen brutalen Völkermord ereignet hatten. Auch heute noch ist und bleibt er eine Stimme seiner Generation, die Crowdfunding und die sozialen Medien nutzt, um Menschen in Not gemeinsam zu unterstützen.

Das sind sozusagen fleischgewordene Möglichkeiten. Jeremy war ein junger Mann, der, inspiriert durch die Worte seiner Eltern, Gottes Ziele und dessen Ehre über seine eigene stellte. Er öffnete sich für Gottes Perspektive und das brachte ihn dazu, sowohl Not leidenden Menschen zu dienen als auch denen, die Macht und Einfluss haben. Im Gegenzug führte Gott Jeremy an einen Ort, wo er mehr sein konnte, als er sich je erträumt hatte, in ein Leben, das beständig und mit Freude Frucht bringt für Gottes Reich. Immer wieder gebraucht Gott Menschen wie Jeremy, um Möglichkeiten offenzulegen, die wir mit menschlichen Maßstäben kaum entdecken können. Wenn andere uns einreden wollen: „Dir fehlt etwas" oder „Es ist nicht genug da", dann öffnet Gott Türen, die für das menschliche Auge unsichtbar sind.

Kann es also vielleicht sein, dass etwas in Ihrem Leben gerade jetzt mehr sein oder zu mehr führen könnte, als Sie meinen? Dass in Ihrer Situation Möglichkeiten stecken, die Sie noch nicht erkannt haben? Und was ist mit der Situation und den Bedürfnissen der Menschen in Ihrer Umgebung? Die Väter oder Mütter, die hinter Ihnen in der Schlange stehen oder auf den Bänken sitzen und beim Sport zusehen. Der Mechaniker, der Ihr Auto repariert. Die Barista, die Ihnen einen Latte macchiato zubereitet. In jede Begegnung hat Gott ungeahnte Möglichkeiten hineingelegt.

Das Paradigma der Möglichkeiten hilft uns, über das hinauszusehen, was ich „das Land des Istzustands" nenne, wo eine vom Mangeldenken bestimmte Kultur uns im Stich lässt. Es lässt uns erkennen, dass es ein „Land der Möglichkeiten" gibt, das im Glauben verwurzelt ist und in dem, was sein kann. An diesem neuen Ort sehen wir die Wunder der Fürsorge Gottes und hier sprengen die Möglichkeiten, die Gott in uns, in andere und in die Schöpfung gelegt hat, die Grenzen unserer Vorstellungskraft.

Erfinder und Wissenschaftler schauen auf das Land der Möglichkeiten und entdecken die Gaben, die Gott uns in der Schöpfung hinterlassen hat. Menschen, die im Gebet für andere kämpfen, schauen auf das Land der Möglichkeiten und sehen die Chance auf Heilung, Frieden und einen Neuanfang. Und Sie und ich schauen auf das Land der Möglichkeiten und finden die Antwort auf Probleme, die uns den Schlaf rauben und unser Herz zermürben.

Wenn wir versuchen, die Dinge aus der Perspektive Gottes zu sehen, entdecken wir ein Land, das so mit guten Vorräten gefüllt ist, dass es geradezu explodiert. Der souveräne Herrscher des Universums ist auf unserer Seite, und egal was im Leben passiert, er hat letztlich alles unter Kontrolle. Gott hat uns geschaffen und in unseren Geist, unseren Körper und unsere Persönlichkeit eine verborgene Kraft hineingelegt, die jenseits dessen liegt, was uns möglich erscheint.

Überlegen wir doch einmal: Die Weidenrinde existierte schon seit Tausenden von Jahren, bis irgendjemand auf den Gedanken kam, dass man Aspirin daraus herstellen könnte. Es gab sie nicht aus reinem Zufall, sondern sie wartete nur darauf, dass ein Wissenschaftler ihre verborgene Kraft entdecken würde. Die Rinde war Teil eines umfangreichen, kreativen und starken Plans.

Im Land der Möglichkeiten gibt es keine Grenzen für das, was möglich ist. Und wenn wir alles, was wir haben und sind, nehmen und zu Gott aufschauen, im Vertrauen auf seine Fürsorge und mit der Bereitschaft, seinen Plan zu erfüllen, dann wird er uns versorgen. Er wird uns etwas Neues zeigen – oder etwas Bekanntes auf eine neue, heilsame Weise –, das über das hinausreicht, was wir mit unseren Augen sehen können. Unser Glaube erschließt diese Möglichkeiten und setzt sie frei.

Wenn Jesus sehen konnte, dass schon eine einzige Mahlzeit mit Brot und Fisch die Kapazität besaß, Tausende von Menschen satt zu machen, was steckt dann erst im gesamten Universum? Es wartet nur darauf, dass wir es auf Gottes Art und Weise und im Einklang mit seinem Zeitplan erschließen.

Bodenperspektive oder Luftperspektive?

Wenn ich über Kapazität und Möglichkeiten spreche, dann will ich nicht dazu aufrufen, die Realität zu ignorieren oder auf die Vorstellung hereinzufallen, wir bräuchten nur unser Geld zum Fenster hinauszuwerfen (oder in den Klingelbeutel von sogenannten „Pastoren", die uns dafür Reichtum und Wohlstand versprechen). Ich bin ein Geschäftsmann, der tägliche Verpflichtungen, eine große Verantwortung und dazu noch geistliche Herausforderungen zu bewältigen hat. Ich weiß, dass Gottes Verheißung der Fürsorge uns nicht von unserer Verantwortung entbindet, gute Haushalter zu sein und die Realität im Blick zu behalten. Tatsächlich entspricht es sogar meiner

Erfahrung, dass Gottes Fürsorge besonders denen großzügig zuteilwird, die mit einem Bein fest auf dem Boden der Realität, der Gegenwart stehen und zugleich einen Schritt vorwärts machen im Vertrauen auf das, was Gott in der Zukunft tun kann.

Wie sieht das praktisch aus? In den letzten fünfzehn Jahren habe ich als Berater mit verschiedenen Geschäftsführern von Firmen oder christlichen Organisationen zusammengearbeitet, die alle gerade durch eine Phase des Umbruchs oder der finanziellen Schwierigkeiten gingen. Wenn wir gemeinsam nachdachten und ihre Sicht auf ihre Organisation, die Märkte, den Wettbewerb, Kapitalstrukturen und so weiter überprüften, dann tauchten in der Regel Probleme auf, die in zwei Kategorien fielen.

Die Geschäftsführer sehen die Realität nicht deutlich. Sie haben eine Idee und meinen, sie hätten ein Produkt. Sie haben ein Produkt, aber keine Geschäftsgrundlage. Sie haben keine Ahnung von Wettbewerb oder Preisgestaltung. Mein Lieblingszitat stammt von Max De Pree: „Die Hauptverantwortung eines Leiters liegt darin, die Realität zu beschreiben."[15] Jim Collins hat etwas ganz Ähnliches gesagt: „Konfrontiere dich mit den brutalen Fakten."[16] Wir alle können aus dem Blick verlieren, wo wir tatsächlich stehen.

Die Geschäftsführer haben kaum Visionen. Am anderen Ende des Spektrums stehen Chefs, die zwar ihren Geschäftsalltag effektiv managen, aber keine Vision dafür haben, wie ihre Aktionen aufeinander abzustimmen sind. Ich benutze hierfür gern das Bild der Boden- bzw. der Luftperspektive. Manche Leute sind so darauf konzentriert, wie sie „den nächsten Hügel erklimmen" können (die Bodenperspektive), dass sie ganz aus dem Blick verlieren, wie dieser Hügel sich allgemein in die Landschaft einfügt (die Luftperspektive).

Ich nehme die genannten Probleme in der Regel so in Angriff, dass ich die folgenden Fragen stelle:

Was würden Sie tun, wenn Sie unbegrenzt Kapital zur Verfügung hätten?

Wen würden Sie einstellen, wenn Sie die freie Auswahl hätten?

Auf welche strategischen Partner würden Sie zugehen?

Frage für Frage und Schritt für Schritt helfe ich ihnen heraus aus dem Land des Istzustands und wir betreten gemeinsam das Land der Möglichkeiten.

Warum erzähle ich Ihnen das? Weil dieselben Herausforderungen und Probleme, mit denen sich Unternehmen und Organisationen in diesen Zeiten der Furcht und des Mangeldenkens auseinandersetzen müssen, uns als Einzelpersonen betreffen, selbst wenn wir Christen sind. Viel zu oft sind wir in unserer täglichen Routine gefangen, lassen uns einlullen von den düsteren Botschaften, die uns aus den Medien entgegenströmen, und von der Werbung, die uns suggeriert, die Lösung sei nur darin zu finden, dass wir noch mehr Geld ausgeben.

Wir sind emotional gefangen von scheinbar unüberwindlichen Hindernissen und so sagen sich viele von uns von dem Glauben los, der sie doch gerade über sich selbst hinauswachsen ließe. Sie lassen es zu, dass die Unsicherheit, wie sie die nächste Miete bezahlen sollen, oder der Druck, ihr Kind auf die richtige Schule zu schicken, ihre Stimme lauter erheben als die sanfte, beständige Verheißung einer Zukunft, in der Gott sie versorgt.

Glaube und Weisheit

Nach Hebräer 11,1 ist der Glaube „ein Rechnen mit der Erfüllung dessen, worauf man hofft, ein Überzeugtsein von der Wirklichkeit unsichtbarer Dinge". In Vers 6 heißt es: „Ohne Glauben ist es unmöglich, Gott zu gefallen. Wer zu Gott kommen will, muss glauben, dass es ihn gibt und dass er die belohnt, die ihn aufrichtig suchen." Gottes Wunder belohnt uns und sorgt für uns, während wir in Übereinstimmung mit dem handeln, was wir uns in der Zukunft erhoffen und was auf „unsichtbaren Dingen" basiert.

Der Glaube lässt uns die verborgenen Möglichkeiten von etwas erkennen und uns das sehen, was unter der Oberfläche liegt. Im Glauben und in der Weisheit zu leben, heißt, uns auf das Unbekannte einzulassen und bereit zu sein, Risiken einzugehen. Das Lähmende an der Furcht besteht darin, dass sie uns an Dingen festhalten lässt und verhindert, dass wir aktiv werden. Gott gefällt es, wenn wir betend Risiken auf uns nehmen. So wie Jesus das Brot und die Fische des Jungen nahm und zum Himmel aufsah, müssen wir das nehmen, was wir in unserem Leben haben – unsere Zeit, unsere Kraft und unsere Ressourcen –, und Gott im Gebet fragen, wie er sie gebrauchen kann.

In Markus 6,5-6 heißt es, Jesus „konnte [in seiner Heimatstadt] keine Wunder tun; … er wunderte sich über den Unglauben der Leute". Im Blick auf seine Wiederkunft fragt Jesus in Lukas 18,8: „Wird der Menschensohn, wenn er kommt, auf der Erde solch einen Glauben finden?" Der Glaube ist anscheinend ein seltenes Gut. Dabei ist er der Schlüssel, mit dem wir das Land der Möglichkeiten betreten können.

Beim Glauben geht es darum, Gott zu vertrauen und andere Menschen zu lieben. Der Glaube ist auf die Zukunft ausgerichtet, während die Weisheit in unser gegenwärtiges Leben Umsicht, Maß und Sorgfalt hineinbringt. Der Glaube zeigt uns, dass Gott mit einem jungen Mann aus Nashville etwas vorhat, egal was andere sagen. Die Weisheit zeigt ihm, dass er eine Kunsthochschule besuchen und von Mentoren lernen soll, wie man ein Unternehmen führt.

Eine konstruktive Spannung ist notwendig zwischen dem Hier und Jetzt (dem Land des Istzustands) und der Zukunft (dem Land der Möglichkeiten). Ein Leben, das nur auf die Zukunft ausgerichtet ist, kann uns gefangen nehmen in einer

Welt der falschen Versprechungen und Emotionen, die nicht von der Weisheit geleitet sind. Und ein Leben, das auf die eingeschränkte Beobachtung der Gegenwart begrenzt ist, kann uns von dem unerwarteten Segen fernhalten, der entsteht, wenn wir auf Gottes erstaunliche Pläne für uns vertrauen, die all unseren Intuitionen widersprechen. Wir müssen in beidem fest verwurzelt sein, um Gottes Fürsorge ganz und gar zu erleben.

Ohne Weisheit können wir die falschen Propheten nicht entlarven, die die Sprache des Glaubens gekapert haben und dafür sorgen, dass diese sich nur noch auf sie und ihren Dienst bezieht und nicht mehr auf Gott und seine Möglichkeiten. Durch unsere Vorsicht lernen wir, Zweifel bei jenen anzumelden, die den Glauben auf eine Abfolge menschlicher Handlungen reduzieren. Was diese Leute tun, genügt unseren Maßstäben von Weisheit nicht, denn ihre Versprechungen sind nicht an eine Beziehung zu Gott oder zu anderen Menschen gekoppelt. Sie sind arrogant, denn sie fordern andere dazu auf, sich auf ihre Führung zu verlassen und nicht auf die Gottes. Sie stehen zwischen uns und den Möglichkeiten, die Gott für uns bereithält.

Gottes Verheißung, für uns zu sorgen, bedeutet nicht, dass wir alles bekommen, was wir wollen oder was wir zu brauchen meinen, wenn wir nur genug Glauben haben. Seine Möglichkeiten sind keine Garantie für persönlichen Erfolg und für ein ruhiges, leichtes, stressfreies Leben. Wie wir im nächsten Kapitel sehen werden, finden wir unsere wahre Kraft in Zeiten der Belastung und des Mangels.

Gottes Herausforderung an uns alle

Das Alte Testament enthält ursprünglich 613 Gebote, die das Volk Gottes befolgen sollte. Mose fasste sie in den Zehn Geboten zusammen. Der Prophet Micha machte drei Gebote daraus: Gerechtigkeit üben, Barmherzigkeit lieben und demütig mit Gott leben (siehe Micha 6,8). Und dann, als Jesus uns aus dem Gesetz heraus in den neuen Bund hineinführte, beschränkte er die Gebote auf zwei: Gott von ganzem Herzen, mit ganzer Hingabe und mit unserem ganzen Verstand zu lieben und unseren Mitmenschen wie uns selbst (siehe Matthäus 22,37+39; Markus 12,30+31; Lukas 10,27). „Mit diesen beiden Geboten ist alles gesagt, was das Gesetz und die Propheten fordern" (Matthäus 22,40).

Dutzende von Büchern und Tausende von Predigten haben sich mit diesen Worten von Jesus befasst – und mit jeder Bedeutungsnuance, die Jesus in sie hineingelegt hat. Doch kürzlich, als ich an der Idee für dieses Buch arbeitete, erkannte ich etwas, das mir vorher noch nie aufgefallen war.

In beiden Geboten, die Jesus als die höchsten bezeichnet, geht es darum, unsere Liebeskraft beständig auszuweiten und weiter aufzubauen. So wie die körperliche Kondition eines Athleten wächst, wenn er regelmäßig trainiert, so wächst unser Vermögen zu lieben, indem wir die Liebe praktizieren. Bei der Liebe, zu der Gott uns auffordert, gibt es nach oben keine Grenze.

Wir sind dazu aufgerufen, Gott mit unserem *ganzen* Wesen zu lieben, in völliger Hingabe an ihn zu leben. Und wir werden aufgefordert, andere so zu betrachten wie uns selbst – ihnen also in unserem Leben eine ebenso zentrale Stellung einzuräumen. Je mehr wir andere – ihre Bedürfnisse, Gefühle und Wünsche – auf dieselbe Ebene stellen wie uns selbst, desto mehr weitet Gott unsere Kapazität aus und vertieft unsere Verbindung zu ihm.

Gott sorgt für uns, während wir die Fülle und Möglichkeiten erkennen, die unsere Mitmenschen in Christus besitzen, und ihnen helfen, diese voll und ganz auszuschöpfen. Es ist durchaus etwas Heiliges daran, die Kapazität eines anderen Menschen zu sehen, sie auszudrücken und an der Entdeckungsreise teilzunehmen. Wenn wir anerkennen, dass Gott jeden Menschen zu mehr geschaffen hat, als man im Augenblick sehen oder spüren kann, und wenn wir die verborgene Kraft entdecken, die er in andere Menschen, seine Schöpfung und uns hineingelegt hat, erkennen wir auch seine Fürsorge.

Ein großzügiger Geist und ein williges Herz sind Schlüsselbegriffe im Neuen Testament. Gott wünscht sich, dass seine Liebe diejenigen, die ihn lieben, dazu bringt, sich in ihrer Liebe zueinander, im Dienen und in der Ehrerbietung gegenseitig zu übertreffen. Bei dieser Art von Liebe gibt es keine Zurückhaltung und das Mangeldenken, das den eigenen Besitz aus Furcht vor der Zukunft schützen will, hat hier keinen Platz.

„Was ihr umsonst bekommen habt, das gebt umsonst weiter", sagt Jesus zu seinen Jüngern, als er sie aussendet, um Menschen in materieller und seelischer Not zu helfen (Matthäus 10,8). Paulus ermahnt die Christen in Rom: „Lasst im Umgang miteinander Herzlichkeit und geschwisterliche Liebe zum Ausdruck kommen. Übertrefft euch gegenseitig darin, einander Achtung zu erweisen" (Römer 12,10). Später schreibt er an die Korinther: „Wenn ich darauf hinweise, mit welchem Eifer andere sich einsetzen, dann nur, um auch euch Gelegenheit zu geben, die Echtheit eurer Liebe unter Beweis zu stellen" (2. Korinther 8,8).

Vergleicht der Gott der Liebe tatsächlich die Hingabe und die Taten seiner Kinder miteinander? Paulus sagt ganz klar, dass er das in bestimmten Bereichen tut, wenn es um Liebe, Aufrichtigkeit und gegenseitige Achtung geht.

Diese Verse trafen mich am Anfang meiner Ehe bis ins Mark. Lisa und ich waren noch jung und eine Reihe von finanziellen Problemen und unerwarteten Ausgaben hatte unser Bankguthaben schrumpfen lassen und brachte uns in eine unsichere Situation. Doch dann erhielt ich bei der Arbeit meine erste Bonuszahlung – einen Scheck über 5000 Dollar. Nach einem Jahr, in dem wir so viele schlechte Nachrichten hatten verkraften müssen, würde uns dieses Geld eine Menge Erleichterung bringen!

Sofort begann ich zu planen, wie wir die Summe ausgeben könnten. Ich lud Lisa und die Jungs zu Hamburgern und Pommes ein (das war für uns damals ein echter Luxus) und verkündete ihnen die gute Nachricht.

Lisas Augen begannen zu leuchten. „Das ist ja toll!", rief sie. „Du glaubst gar nicht, was heute passiert ist."

„Was denn?", fragte ich.

„Ich habe einen Brief von Nancy bekommen." Unsere Freundin Nancy war Missionarin und arbeitete als Krankenpflegerin im Sudan unter Menschen, die in extremer Armut lebten. „Sie braucht einen Jeep, um zu ihren Patienten zu fahren. Und rate mal, wie viel Geld dafür nötig ist?"

Mir sank das Herz in die Hose. „Fünftausend Dollar?", fragte ich.

„Fünftausend Dollar", bestätigte Lisa.

Das passte mir überhaupt nicht. Wir *brauchten* das Geld doch. Ich hatte es *verdient*. Aber dann sah ich Lisa an, die schon so davon überzeugt war, was wir tun sollten, und merkte, dass die Jungs uns beobachteten. Ich musste mit gutem Beispiel vorangehen. Während ich noch versuchte, meinen erschrockenen Gesichtsausdruck zu verbergen, schlug Lisa vor: „Jack, möchtest du darüber beten?"

„Natürlich."

Als ich an jenem Abend betete, zeigte Gott mir Tausende von sudanesischen Kindern und Erwachsenen, die durch diesen Jeep Impfungen und medizinische Nothilfe erhalten würden. Ich erkannte, wie die Gnade Gottes dieses Fahrzeug gebrauchen wollte, um Leben zu retten.

Gott benutzte die Bonuszahlung, um mich mit dem Land der Möglichkeiten bekannt zu machen. Mein Zögern ersetzte er durch das Gefühl eines Privilegs: Er hatte unsere Familie auserwählt, sich an seinem Wirken zu beteiligen. Der Bonusscheck half uns zwar nicht dabei, die Anschaffungen zu bezahlen, die ich für nötig gehalten hatte. Aber er erinnerte mich daran, dass Gottes Ökonomie eine Ökonomie des Überflusses und nicht des Mangels ist. Ich hatte geplant, Gottes finanziellen Segen für mich und meine Familie zu verwenden. Aber Gott wollte, dass ich ihn an andere weitergab, und zwar in einem größeren Rahmen, als ich es mir je hätte vorstellen können.

Sind Sie bereit, Ihren Gott und Ihre Mitmenschen über Ihren eigenen Komfort zu stellen? Über Ihr Haus, Ihren Flachbildfernseher, das Sparbuch Ihres Kindes und über Ihre Vorstellung davon, wie Ihr Leben aussehen *sollte?*

Später, in Teil 4, beschäftigen wir uns intensiver mit dem Zusammenhang zwischen Gottes Fürsorge und seinen Erwartungen an uns als seine Geschöpfe, einander voll und ganz zu lieben und uns umeinander zu kümmern. An dieser Stelle möchte ich nur betonen, dass ein Leben in Gottes Möglichkeiten und Fürsorge kein bedingungsloses Geschenk ist. Die Bibel fordert uns immer wieder dazu auf, ein Spiegelbild des selbstlosen und treuen Vorbilds zu sein, das Gott uns gegeben hat.

Wenn ein Bauer im Herbst etwas ernten will, dann kann er sich nicht nur darauf verlassen, dass Gottes Gaben – Erde, Regen und Sonne – die ganze Arbeit tun. Um das beste Ergebnis zu erzielen, muss der Landwirt seinen Teil dazu beitragen. Er muss den Acker pflügen, das Getreide aussäen und die Pflanzen versorgen, während sie wachsen. So ist es auch bei uns. Wenn wir die Fülle der Fürsorge Gottes in unserem Leben erfahren wollen, können wir uns nicht nur darauf verlassen, dass Gott die ganze Arbeit tut. Wir müssen auch etwas dazu beitragen.

Es gibt Gemeinden, die sich lieber auf den „Gnadenaspekt" unserer Beziehung zu Gott konzentrieren statt auf den „Arbeitsaspekt". Arbeit hört sich so sehr danach an, als ob es eine Liste von Regeln gibt, die zu befolgen sind, wenn man in den Himmel kommen will – eine Vorstellung, die klar außerhalb der christlichen Botschaft liegt.

Doch wie Dallas Willard so treffend festgestellt hat: „Gnade heißt, man kann sich nichts verdienen – aber dabei spricht nichts gegen aktiven Einsatz."[17] Wir werden aus Gnade gerettet und unser ewiges Leben beruht nur auf der Liebe und der Erlösung, die Gott uns umsonst schenkt. Doch der Augenblick unserer Rettung ist nur der Anfang einer viel größeren, tieferen Beziehung.

Die glücklichsten Ehen sind, wenn man sie über einen längeren Zeitraum betrachtet, wie ein Tanz des Gebens und Nehmens. Aufgrund der tiefen gegenseitigen Liebe und Achtung der beiden Partner gibt jeder für den anderen sein Bestes; die beiden dienen einander und nehmen die Opfer an, die der andere jeweils bringt. So ähnlich ist auch unsere Beziehung zu Gott. Christus ist für uns gestorben, damit wir für ihn leben können. Wir empfangen die Erlösung von ihm und dadurch entsteht idealerweise eine Beziehung, die so tief ist, dass wir im Gegenzug unser Bestes für ihn geben wollen.

Wenn man sich mit Sportlern unterhält, die an Wettkämpfen teilnehmen, dann erzählen sie, dass ihre Kapazität nur durch ein beständiges, sich steigerndes Training erweitert werden kann. Nur wenige Marathonläufer können das Rennen schon beim ersten Mal beenden, nachdem sie ihre Schnürsenkel gebunden haben und losgerannt sind. Am Anfang schaffen sie vielleicht nur zwei oder drei Kilometer, bevor sie aufhören müssen, völlig außer Atem und mit wund gelaufenen Füßen. Doch indem sie beständig und konsequent ihre Grenzen ausdehnen, bewältigen sie immer größere Strecken. Ihre Kapazität wird gesteigert.

Wenn wir mit *all* unserem Sein Liebe praktizieren, wenn wir uns ganz zur Verfügung stellen, um nach den Geboten von Jesus zu leben, dann steigern wir auch unsere Fähigkeit zu lieben. Je mehr wir lieben, desto weniger wird unser Leben von Furcht und Isolation bestimmt sein.

Gottes Fürsorge kennt keine Grenzen, wenn wir loslassen und mit allem, was wir haben, lieben. Wenn wir es lernen, unsere Zeit, unsere Kräfte und Ressourcen zu nehmen und nach oben auf Gottes Ziele zu schauen, statt uns von der engen Perspektive einer leidenden Welt herunterziehen zu lassen, dann betreten wir das Land der Möglichkeiten. Wir entdecken die Kapazität, die Gott in uns und in anderen geschaffen hat. Wir lernen, nach seinen Zielen und seiner Ehre zu streben, und während wir das tun, wächst unsere Fähigkeit zu lieben und zu geben.

Gottes Rhythmus der Fürsorge für Sie: Möglichkeiten

Denken Sie einmal kurz über die Möglichkeiten nach, die Gott in den Sand hineingelegt hat. Aus Sand kann sowohl Beton als auch das Gehirn eines Smartphones hergestellt werden. Gott liebt Sie und hat viele Möglichkeiten in Sie hineingelegt, damit Sie wachsen, lernen und kreativ sein können. Er kann auch neue Menschen in Ihr Leben hineinbringen und Ihre Situation verändern.

Sind Sie im Land des Istzustands stecken geblieben? Ist der Druck so hoch, dass Sie das Gefühl haben, eher „auf Sicht zu fliegen" als an Gottes perfekten Plan für Ihr Leben zu glauben?

Sprechen Sie ein kurzes Gebet, um Ihre Reise unter der Fürsorge Gottes zu starten. Überlegen Sie, welche Samen verborgener Kraft sich bereits in Ihrem Leben befinden, auf die Sie Ihren Blick bisher vielleicht noch nicht gerichtet haben. Bitten Sie Gott, dass er Ihnen in diesem Monat eine neue Tür öffnet.

Kapitel 2

Die Zeit der Aussaat

Kapazität in Zeiten der Furcht und des Mangels

Ich frage mich, was die Jünger wohl dachten, als sie Jesus beobachteten, wie er das Brot und die Fische in seinen Händen hielt. Es war ja nicht viel. Dachten sie, dass Jesus gerade etwas zu essen für den innersten Kreis seiner Freunde besorgt hatte, für diejenigen, die es am meisten verdient hatten? Waren sie versucht, die Hand auszustrecken und ihren Teil an sich zu nehmen? Schließlich hatten sie den ganzen Tag hart gearbeitet – wie schon seit Wochen und Monaten. Die vielen Leute waren ja nur heute da, aber die Jünger blieben immer und sie waren hungrig. Sicher würde Jesus doch merken, dass *sie* es mehr als alle anderen verdient hatten, Gutes von ihm zu empfangen.

So war es bekanntlich nicht. Doch wie leicht verkennen wir in Zeiten des Mangels und der Not das Ausmaß der Kraft Gottes und die unendlichen Möglichkeiten seiner Fürsorge.

Die meisten Christen glauben, dass Gott Größeres vollbringen kann und eine umfassendere Perspektive hat als wir. Aber dann geht es, wie man so schön sagt, „ans Eingemachte": Die Schulden aus dem Studium bezahlen sich nicht von selbst. Die alt gewordenen Eltern werden bald Pflege brauchen. Der Sohn wurde gerade in eine nationale Sportmannschaft aufgenommen, der neue Chef verlangt mehr Überstunden und der Kalender quillt von Verpflichtungen über – allein das alles kann uns schon das Herz schwer machen. Gott mag ja allwissend und allmächtig sein, doch wir machen die Erfahrung, dass sich außer uns selbst niemand um uns kümmert.

„Hilf dir selbst, dann hilft dir Gott" wird zum Credo derer, die sich verwundbar und eingegrenzt fühlen. „Niemand hilft uns, also sollte auch keiner unsere Hilfe erwarten", ist dann ihre Antwort. Statt auf Gottes Möglichkeiten unserer physischen und geistlichen Versorgung zu vertrauen, greifen wir auf unser begrenztes menschliches Potenzial zurück. Und wenn das nicht ausreicht, ballen wir die Fäuste und rufen: „Ich hab's doch gewusst! Ich hätte noch mehr an dem festhalten sollen, was ich habe!"

Und genau dieses Denken wünscht sich der Feind von uns.

Satan und seine Kapazitätskiller

Christen sprechen gern davon, dass Gott seine Geschichte mit uns schreibt, die uns schlussendlich in das Gelobte Land führen wird, in dem Milch und Honig fließen. Doch in den letzten Jahren ist dabei manchmal in Vergessenheit geraten, dass es zu dieser Geschichte auch einen Gegenentwurf gibt, eine Geschichte, die uns in die dunkelsten Ecken der Verzweiflung und Hoffnungslosigkeit führen soll.

Es gibt einen Vater im Himmel, aber es gibt auch einen Feind. Dieser Feind, Satan genannt, ist real. Aus 1. Petrus 5,8 erfahren wir: „Euer Feind, der Teufel, streift umher wie ein brüllender Löwe, immer auf der Suche nach einem Opfer, das er verschlingen kann." Er wird alles unternehmen, um uns vom Ziel abzubringen, uns Schaden zuzufügen und uns weiszumachen, dass nicht genug für alle da ist. Dass *wir selbst* nicht genügen. Er wird uns dort angreifen, wo wir am verwundbarsten sind. Er wird uns leere Versprechungen machen, dass wir irgendwann in der Zukunft Zufriedenheit und Erfüllung finden werden. Er wird in unserer Seele die Unzufriedenheit schüren und uns in Bezug auf Gottes Liebe und Fürsorge schamlos belügen.

Jesus hat uns vor dem Satan gewarnt: „Wenn jemand die Botschaft vom Himmelreich hört und nicht versteht, ist es wie mit der Saat, die auf den Weg fällt. Der Böse kommt und raubt, was ins Herz dieses Menschen gesät worden ist" (Matthäus 13,19).

Gott hat uns dazu geschaffen, zu lernen, zu wachsen und all das zu sein, was wir in ihm sein können. Der Satan will genau das Gegenteil. Nichts ist ihm lieber, als wenn Menschen ihre Erfüllung und Möglichkeiten nicht erreichen. Um unsere Chancen zu vereiteln und damit die Erfüllung von Gottes Plan für uns und unsere Gemeinschaft zu verhindern, benutzt er jede Schwäche, die er bei uns finden kann, vor allem unsere eigenen Ängste. Auf diese Weise hält er uns zurück.

Ich kann Satans Handschrift in der Statistik erkennen, die besagt, dass die meisten Amerikaner übergewichtig sind oder dass es sich bei 75 Prozent derer, die Lebensmittelmarken erhalten, praktisch um Analphabeten handelt.[18] Wie kann das sein? Unsere Infrastruktur ermöglicht es, gesunde Lebensmittel in die entferntesten Ecken unseres Landes zu transportieren, und das amerikanische Bildungssystem investiert jährlich 12 000 Dollar in jeden Schüler, so viel wie kaum ein anderes Land auf der Welt. Die Medien schieben die Schuld auf die Gesellschaft und manche Christen erheben warnend den Zeigefinger und beklagen unmoralisches Verhalten. Doch ich sehe in all dem die Anzeichen eines tieferen geistlichen Kampfes um unseren Körper und unseren Verstand – diese komplexen Gebilde, die Gott verlässlicher geschaffen hat als alle Supercomputer und Telekommunikationsnetzwerke. Jedes Mal wenn es dem Feind gelingt, uns die Kapazität zu rauben, durch die wir wachsen und leben können, trägt er einen Sieg davon.

Der Satan besitzt ein ganzes Arsenal von Kapazitätskillern. Schulden und drückende Steuerlasten schmälern unser Einkommen und begrenzen unsere zukünftigen Möglichkeiten. Abhängigkeiten, sei es von Nikotin, Junkfood oder anderen Dingen, stehlen unsere körperliche Gesundheit, verkürzen unsere Lebensspanne und versklaven uns, bis wir immer mehr die Kontrolle verlieren. Wetten und Lotterien untergraben die

Arbeitsethik und den Glauben, dass sich harte Arbeit und Anstrengung lohnen. Die Pornografie erschafft eine falsche Realität und zerstört gesunde Beziehungen.

Wenn das nicht Ihre Versuchungen sind, dann besitzt Satan auch noch andere Kapazitätskiller. Der Materialismus führt dazu, dass wir unsere Zeit und unsere Ressourcen zur Vergötterung von Dingen einsetzen und für das nie endende Vergleichen mit anderen. So gehen wir dem Feind in die Falle. Die Selbstgerechtigkeit trennt uns von der Gemeinschaft, sie verführt uns dazu, andere zu richten, statt ihnen Hilfe anzubieten. Elektronisches Spielzeug und Unterhaltungsgeräte, die wir in ungesundem Maß nutzen, lenken unsere Aufmerksamkeit von unserer Familie ab und behindern unser persönliches geistliches Wachstum. Alle Kapazitätskiller führen uns auf Abwege und verhindern, dass wir die Fülle des Segens erfahren, die Gott für uns bereithält.

Jeder Tag ist ein Kampf. Der Feind weiß genau, wo unsere Schwachpunkte sind, und er wird sie ausnutzen, um uns abzulenken und uns von unserer Gemeinschaft zu entfremden. Er redet uns ein, Gott wolle, dass wir uns zuerst um uns selbst kümmern. Dass wir das, was wir haben, für unsere Kinder schützen müssen. Dass jemand, der weniger Verpflichtungen oder eine bessere Gesundheit oder andere Begabungen hat, besser dazu geeignet ist, das zu tun, was Gott uns aufs Herz gelegt hat.

„Gott erwartet nicht wirklich von dir, dass du diese Person liebst", flüstert uns der Feind ins Ohr. „Sieh dir nur ihre gottlosen Entscheidungen, ihre Fehler, ihren Lebensstil an. Bestimmt will Gott nicht, dass du deine wohlverdiente Freizeit und deine Ressourcen an diese Person verschwendest. Was hat sie denn schon jemals für dich getan?"

Diese und Hunderte weiterer Kapazitätskiller treiben uns dorthin, wo wir Mangel und Verzweiflung empfinden. Sie verführen uns dazu, nur noch uns selbst zu sehen, und halten uns davon ab, das zu nehmen, was wir haben, und in das Land der Möglichkeiten aufzubrechen.

Solange wir nicht mit den Augen des Glaubens die Kapazität sehen, die Gott uns geschenkt hat, fallen wir auf die Tricks des Feindes herein, mit denen er uns der Fürsorge Gottes in unserem Leben berauben will.

Gott möchte, dass wir aussäen und großzügig sind. Satan will, dass wir uns fürchten und an dem festhalten, was wir haben.

Nur die ausgesäte Saat bringt Frucht

Im vorangegangenen Kapitel haben wir uns darüber Gedanken gemacht, welche wichtige Rolle der Landwirt bei der Erzielung der Ernte spielt. Doch vor Kurzem las ich einen Artikel über einen ganz anderen Umgang mit Saatgut.

Auf einer der Inseln von Spitzbergen (Norwegen), nicht weit vom Nordpol entfernt, existiert tief in einem der Berge eine Pflanzensamenbank. Sie ist eine Art Sicherheitsnetz, mit dem einem Verlust der Pflanzenvielfalt vorgebeugt werden soll, da diese in traditionellen Samenbanken nicht gewährleistet werden kann. Regierungen aus der ganzen Welt haben mehr als 860 000 Saatgutproben preisgekrönter Nutzpflanzen eingesandt, die dort bei tiefen Minustemperaturen und niedriger Luftfeuchtigkeit aufbewahrt werden. Diese und mehrere andere „Banken" auf der Welt sollen die Menschheit im Fall von Naturkatastrophen oder anderen globalen Ereignissen schützen.

Oberflächlich betrachtet ist das Ziel einer „ultimativen Versicherungspolice für den Nahrungsmittelvorrat der Welt" bewundernswert. Jedoch sind die Dinge oftmals komplizierter als sie scheinen. Kritiker geben zu bedenken, dass ein Lagern dieser Saaten, ohne sie einzusetzen, nicht der beste Weg sei, eine Spezies zu erhalten. Der Agrarökonom Phil Pardey schreibt dazu: „Das Saatgut wird lediglich verwahrt" und nicht auf nützliche Eigenschaften hin untersucht.[19] Ist es zum Beispiel resistent gegen Schädlinge, Krankheiten oder Dürreperioden? Könnte es in der modernen Welt überleben? Das alles wissen wir nicht. Tatsächlich könnten einige der älteren Saaten schon ihre Keimfähigkeit verloren haben. Manche Experten plädieren dafür, das Saatgut lieber an verschiedenen Orten rund um den Globus auszusäen, es wachsen und sich entwickeln zu lassen, um die Bedürfnisse der Natur zu erfüllen. Dies sei der bessere Weg zur Erhaltung einer Spezies.

In meinen Augen zeigt das Samenbankkonzept ganz klar, was es bedeutet, mit einem begrenzten, auf den Mangel fixierten Denken zu leben. Es erinnert mich an das Gleichnis, das Jesus in Matthäus 25,14-30 erzählt: Ein reicher Mann begibt sich auf eine Reise und vertraut sein Geld während seiner Abwesenheit seinen Dienern an. Als er zurückkehrt, lobt er jene Diener, die Risiken auf sich genommen haben, um das Reich ihres Herrn weiter auszudehnen; sie haben das Geld investiert und damit mehr Geld verdient. Doch auf die Diener, die das Geld versteckt haben, weil sie zu ängstlich waren, es einzusetzen, ist der Herr zornig.

Der Herr hat seinen Dienern Gaben anvertraut, und als einer von ihnen das ihm überlassene Gut verschwendet (indem er es nicht nutzt), stört er damit den Rhythmus der Beziehung. Er nimmt das Geschenk an, aber er macht nichts daraus. Er legt sein Saatgut in einen kalten Tresor, statt es dem Erdboden anzuvertrauen.

Ich will damit nicht sagen, dass wir die Ressourcen unseres Planeten nicht für die Zukunft erhalten sollen. Wir sind dazu aufgerufen, kluge Haushalter der Schöpfung Gottes zu sein, und ich möchte durchaus, dass auch die Enkel meiner Enkel noch erleben können, wie wunderbar ein frischer Maiskolben oder eine sonnengereifte alte Tomatensorte schmecken.

Aber ein Saatguttresor scheint mir nicht der richtige Weg zu sein. Denn diese Lösung basiert auf dem Mangeldenken, während Gott uns dazu aufruft, sowohl kreativ zu sein als auch strategisch zu denken, wenn es darum geht, unsere Gaben einzusetzen und unsere Ressourcen zu nutzen. Saatgut an verschiedenen Orten auf der Welt auszusäen, scheint mir der weisere Weg zu sein. Jesus selbst hat gesagt: „Wenn das Weizenkorn nicht in die Erde fällt und stirbt, bleibt es ein einzelnes Korn. Wenn es aber stirbt, bringt es viel Frucht" (Johannes 12,24).

Der Feind will uns Angst einjagen. Er bringt uns dazu, unsere „Saat" mit ihren Möglichkeiten zu schützen, sie zu lagern und zu horten und dabei Gottes zukünftige Versorgung zu kürzen. Er flüstert uns ins Ohr, wir hätten nie wieder eine Gelegenheit wie diese, wir hätten keine anderen Ressourcen zur Verfügung. Er redet uns ein, wir würden zu viel verlieren, wenn wir es Gott gestatten, unsere Zukunft zu lenken. Wir meinen, die Kontrolle über unsere Saat zu verlieren, und fragen uns, ob wir jemals mehr haben werden. Oder wir zögern mit dem Anpflanzen, weil wir Angst haben, die Saat würde eingehen und das Ergebnis nicht so sein, wie wir uns das wünschen.

Was ist, wenn ich dieses Risiko eingehe und dabei scheitere?
Was ist, wenn ich es versuche und es nicht schaffe?

Satan verführt uns dazu, uns von der Furcht und nicht vom Glauben bestimmen zu lassen. Doch wenn wir nicht im Glauben einen Schritt nach vorn tun und die Saat ausstreuen, dann wird es am Ende auch keine Ernte geben.

Mein Freund Pastor Chip Ingram hat einmal von einem Erlebnis berichtet, das er und seine Frau hatten, als sie noch jung verheiratet waren. Chip stand damals am Anfang seines Dienstes als Pastor und die beiden hatten nicht viel Geld. Nebenan wohnte eine Frau, die ihr kleines Kind allein großzog, nachdem ihr Mann sie verlassen hatte. Eines Tages gestand sie Chips Frau, dass sie nicht genug Geld hatte, um die fällige Monatsmiete zu bezahlen.

Die Ingrams waren tief betroffen und wollten der Frau gern helfen, aber sie hatten selbst kaum genug für ihre eigene Miete. Nachdem sie viel darüber gebetet hatten, entschlossen sie sich, die Miete ihrer Nachbarin zu bezahlen anstelle ihrer eigenen. Chip und seine Frau hatten keine Ahnung, wie sie nun finanziell über die Runden kommen sollten. In drei Tagen war ihre eigene Miete fällig und sie hatten nur noch zehn Dollar auf dem Bankkonto. Am dritten Tag erhielten sie mit der Post einen Brief von jemandem, den sie seit Jahren weder gesehen noch gesprochen hatten. Es war ein junger Mann, der als Schüler an der Highschool bei Chip in der Jugendarbeit gewesen war und dort viel Segen erlebt hatte. Der Mann hatte gebetet und den Eindruck gehabt, Gott bitte ihn darum, den Ingrams Geld zu schicken. Es war genau die Summe, die sie brauchten. So sorgte Gott auf wunderbare Weise für sie.[20]

Die Saat gehört nicht uns. Gott erinnert uns immer wieder daran, dass nichts – weder unser Geld noch unsere Gesundheit noch unsere Familie – wirklich unser Eigentum ist. Alles gehört ihm und ist Teil seines göttlichen Plans. Gottes Möglichkeiten für jeden von uns reichen weit über das hinaus, was wir sehen können. Nur indem wir die begrenzte Vorstellung unseres menschlichen Potenzials loslassen, können wir Teil seines fürsorglichen Handelns werden.

Dies alles musste ich wie so vieles auf die harte Tour lernen – und über einen langen Zeitraum. Wie ich bereits erzählt habe, fühlte ich mich als junger Mann vom Konkurrenz- und Erfolgsdruck getrieben. Ich dachte, ich allein sei dafür verantwortlich, all meine Bedürfnisse zu erfüllen. Während meines ganzen Studiums arbeitete ich nebenbei, legte mein Examen als Wirtschaftsprüfer ab und trat eine Stelle bei einer der renommiertesten internationalen Buchhaltungsfirmen der Welt an. Nachdem ich sechs Jahre lang hart gearbeitet hatte, wurde mir eine der größten Buchführungen anvertraut, die unser Büro zu verwalten hatte. Jeder meiner Vorgänger war inzwischen ein Teilhaber der Firma geworden. Darum war ich sicher, dass diese Aufgabe auch mein Ticket zu Erfolg und Sicherheit werden würde.

Alle meine Kollegen wurden über meine Beförderung informiert und ich erhielt viele Glückwünsche. Ich badete in Lob und Anerkennung. Doch ein paar Tage später rief der Vorstandsvorsitzende unseres Unternehmens, der für jene Buchhaltung verantwortlich war, den Geschäftsführer unserer Firma an. Und langer Rede kurzer Sinn: Er forderte, mich wieder von meiner Aufgabe zu entbinden. Er mochte mich nicht und wollte einen anderen Manager auf diesem Posten haben.

Wieder wurde eine Nachricht an alle Angestellten des Unternehmens versandt. Dieses Mal hieß es, es gebe für die besagte Aufgabe einen „neuen" Manager. Mir wurde eine kleine Buchführung übertragen, für eine Firma, die niemand kannte und die kein besonderes Aufsehen erregte.

Ich war gedemütigt. Aus meiner Perspektive war ich nun auf dem Weg des Abstiegs.

Doch Gott hatte einen anderen Plan. Ich arbeitete gut mit jener kleinen, relativ unbekannten Firma zusammen und als Folge daraus bot mir der Besitzer des Unternehmens, ein wohlhabender Europäer, vier Jahre später eine Stelle an. Schließlich wurden er und ich Geschäftspartner in zwei Firmen, die ich viele Jahre lang erfolgreich leitete.

Inzwischen war das weltweit agierende Buchführungsunternehmen, für das ich vorher gearbeitet hatte, auf Abwege geraten und ging im großen Wirtschaftsskandal rund um den Energiekonzern Enron bankrott. Die Teilhaber der Firma – die für mich der Inbegriff beruflichen Erfolgs gewesen waren – verloren ihre gesamten Investitionen.

Ich will damit nicht sagen, dass ich für mein Verhalten belohnt und die Leute in meiner früheren Firma bestraft wurden. Aber wenn ich den Verlauf meines Lebens betrachte und das, was Gott mir dadurch gezeigt hat, dann ist dies alles ein leuchtendes Beispiel dafür, dass unser Schicksal sich auf ganz unerwartete Weise ändern kann. Nur Gott sieht das ganze Bild. Unsere Aufgabe besteht lediglich darin, jede Chance zu nutzen, um unsere Saat auszustreuen, sie dann aufgehen und wachsen zu lassen und dabei sorgfältig nach Gottes Führung Ausschau zu halten, auch wenn wir nicht wissen, wie das Ganze ausgehen wird.

Unterschiedliche Ergebnisse

Ich höre gern solche Geschichten wie die von Chip Ingram und es ist schön zu sehen, wie Gott wirkt, um eine Kapazität zur Verfügung zu stellen, die ich mir in meinem eigenen Leben nie vorstellen könnte. Aber es ist auch wichtig, sich klarzumachen, dass nicht jede Geschichte ein solches Ende hat.

Es kann sein, dass Gott uns zu etwas auffordert, am Ende aber nicht das dabei herauskommt, was wir uns gewünscht haben. Oft sehen wir nicht gleich, welcher Segen in all dem liegt. Im Glauben zu handeln, bedeutet, das Richtige zu tun, auch wenn es uns etwas kostet. Nicht immer endet es damit, dass wir das Geld für die Miete bekommen, das wir weiterverschenken sollten, und nicht jeder neue Job bringt einen warmen Geldregen mit sich.

Manchmal ist die Lektion, die wir lernen sollen, nicht die Fürsorge Gottes, sondern unsere Abhängigkeit von ihm. Mit diesem Thema wollen wir uns eingehender in Teil 3 beschäftigen, wo es um die Herausforderungen geht, die wir zu bewältigen haben.

Im Glauben um Gottes Kapazität zu bitten, heißt, bereit zu sein, Risiken auf sich zu nehmen und die Kontrolle abzugeben. *Risiko* ist jedoch ein Begriff, der uns Angst einjagt. Im Land des Istzustands strebt man vor allem nach Sicherheit; Menschen, die dort leben, denken, sie seien keine guten Verwalter von Gottes Gütern, wenn sie ein Risiko eingehen. Dieser Meinung bin ich nicht. Ich glaube, dass es Gott gefällt, wenn wir betend Risiken auf uns nehmen.

Der Schlüssel hierzu ist ein Leben in der Beziehung zu Gott und im Einklang mit dem, wohin er uns führt. Auf diese Weise sind wir eher bereit, alles, auch das, was uns Angst macht, vor ihn zu bringen, damit er es so gebrauchen kann, wie er es für richtig hält.

Gott wird sich um uns kümmern und für uns sorgen, wenn wir im Glauben Risiken eingehen, aber das heißt nicht automatisch, dass wir davon materiell profitieren oder dass wir das ersetzt bekommen, was wir unter seiner Leitung physisch oder emotional investieren. Gott gibt uns seine Garantien, während wir vorwärtsgehen, unsere Saat aussäen und uns im Dienst für andere engagieren.

Wenn wir lernen, mit einem Blick auf Gottes Möglichkeiten zu leben, dann wird uns bewusst, welche Saat Gott in uns, in andere Menschen und in seine Schöpfung hineingepflanzt hat. Sie kann jede Situation umgestalten. So zu leben, ist jedoch kein Trick, mit dem wir Gott dazu bringen, uns reich zu machen oder uns auf die Weise zu segnen, wie wir gesegnet werden wollen. Gottes Pläne sind viel größer als das komplexeste Szenario, das wir uns vorstellen können. Sein Interesse für die ganze Menschheit ist viel tiefer, als es uns bewusst ist.

Was mir wirklich geholfen hat, bereitwilliger Risiken auf mich zu nehmen, ist der Gedanke, dass *Gott niemals verliert,* wenn ich ein Risiko eingehe. Wenn wir uns dafür entscheiden, im Glauben an Gottes Kapazität zur Fürsorge zu leben, dann sollten wir das, was wir als richtig erkannt haben – wozu Gott uns aufruft –, nicht davon abhängig machen, ob wir persönlich unmittelbar davon profitieren. Wir müssen lernen, über das jetzige Ergebnis hinauszusehen und das langfristige Ziel zu betrachten.

Das musste ich in einer kostspieligen Lektion lernen. Im Jahr 2010 kam ein Freund auf mich zu und bat mich um Hilfe. Er hatte ein medizinisches Patent gekauft, das für Menschen in ländlichen Gebieten von großem Nutzen sein konnte. Es ging um eine Vorrichtung, mit der Blut und Plasma voneinander getrennt und dann getrocknet werden können. Auf diese Weise kann Plasma ohne große Kosten an Labore versandt werden, wo Krankheiten diagnostiziert und effizient und preiswert behandelt werden können. Ich betete über der Situation, sprach mit meiner Familie und hatte dann den Eindruck, dass Gott mich beauftragte, in das neu gegründete Unternehmen zu investieren. Ich war überzeugt, dass es Millionen Menschen zu einer besseren medizinischen Versorgung verhelfen würde.

In den Jahren seit meiner Investition ist die Technologie des Patents weiter perfektioniert worden und es sind sogar einige der größten Gesundheitskonzerne darauf aufmerksam geworden. Allerdings dauerte der Prozess viel länger als erwartet und so ist es eher zweifelhaft, dass ich meine Investition je zurückerhalten werde, selbst wenn das Patent verkauft werden kann.

Doch die Mission des Reiches Gottes geht weiter, auch wenn meine finanzielle Investition ein Verlust ist. Gott hat nicht verloren; er hat nur das, was ihm gehört, von einer Geldbörse in die andere umgeschichtet, dahin, wo es mehr Gutes bewirken kann.

Oder nehmen wir Steve, einen Pastor hier aus Atlanta. Eines Sonntagmorgens sprach er auf der Kanzel darüber, dass wir benachteiligte Menschen in unser Leben einladen sollten. Kaum hatte er seine Predigt beendet, erblickten er und seine Frau hinten in der Kirche einen neunzehnjährigen jungen Mann namens Rodney, von dem sie wussten, dass er schon mehrere Selbstmordversuche hinter sich hatte. Er hatte keine Familie und niemand schien sich um ihn zu kümmern. Steve, ein Weißer, sprach Rodney, den Afroamerikaner, an und fragte ihn, ob er nicht bei ihm und seiner Familie leben wollte. Obwohl Steve und seine Frau selbst kleine Kinder hatten, gingen sie das Risiko ein, einen in Schwierigkeiten geratenen Teenager als Pflegeeltern bei sich aufzunehmen. Denn sie hatten klar den Eindruck, dass es das war, was Gott von ihnen wollte.

Und wissen Sie was? Das Familienleben war gar nicht so einfach; es gab Konflikte. Rodney blieb eine Weile, zog dann aber wieder aus. Es geht ihm jedoch seelisch und geistlich besser als früher und Steves Familie hat eine Saat ausgesät, die vielleicht irgendwann Frucht bringt.

Steve und seine Frau erfüllten treu die Aufgabe, zu der Gott sie berufen hatte. Und eines Tages, wenn sie in der Ewigkeit vor ihrem Herrn stehen, werden sie sagen können, dass sie das ihnen anvertraute Gut nicht vergraben, sondern es zu Gottes Ehre investiert haben.

Wir sehen nicht immer das Endergebnis unseres Handelns, und wenn wir uns dazu entschließen, in Gottes Möglichkeiten zu leben, dann bedeutet das nicht, dass wir immer ein Happy End wie im Film erleben. Aber Gottes Ziele – und sein Plan – sind größer als das, was wir sehen können.

Zum Dienst berufen

Eines unserer Enkelkinder, Sam, wurde nach dem alttestamentlichen Helden Samuel benannt, dessen Mutter ihn Gott geweiht hatte. Als Sam geboren wurde, sah er kräftig und gesund aus. Unsere Familie hieß ihn voller Freude willkommen und sah ihn schon Sport treiben und mit seinen älteren Brüdern herumtoben. Doch ein paar Tage später fanden wir heraus, dass er schwere gesundheitliche Probleme hatte. Schon als Baby musste er am offenen Herzen operiert werden, doch auch dann war seine schwierige Reise noch nicht vorüber. Wir wussten nicht, was noch alles auf ihn zukommen würde. Glücklicherweise hat er inzwischen viele seiner anfänglichen Probleme überwunden und hält jetzt seine Geschwister auf Trab.

Unsere Familie hielt fest zusammen. Beständig beteten wir in der furchterregenden Zeit vor der Herzoperation für Sam. Ein sehr denkwürdiger Moment war für mich ein Gespräch mit meinem Sohn John, Sams Vater. Nachdem wir für Sam gebetet hatten, sagte er zu mir: „Oft fragen die Leute: ‚Warum gerade ich?', wenn sie in einer schweren oder tragischen Situation sind. Aber ich bin froh, dass Gott uns als Familie für Sam ausgewählt hat. Ich kann mir gar nicht vorstellen, wie es wäre, wenn er in einer Familie geboren worden wäre, die keine Krankenversicherung hat, oder wenn seine Mutter alleinerziehend wäre und keine Unterstützung hätte. Wir haben die Möglichkeiten, ihn zu lieben und ihm zu helfen, damit er sich so gut wie möglich entfalten kann. Aber wir sind auch deshalb gesegnet, weil wir uns auf Gott verlassen, dass er sich um Sam kümmert. Und genau das tun wir auch." Während er sprach, bekam ich einen neuen Blick dafür, wie Gott diese Situation und dieses geliebte Kind für den Bau seines Reiches gebrauchen könnte.

Über meine eigenen momentanen Sorgen hinauszublicken und Gottes Möglichkeiten in der Welt Realität werden zu sehen – das ist eine Lektion, die ich immer wieder neu lernen musste. Da meine Kindheit von Mangel und Furcht geprägt war und ich immer der Überzeugung war, es gebe nicht genug Geld oder Liebe, um das Loch in meinem Herzen auszufüllen, fällt es mir immer noch schwer loszulassen und anderen etwas zu geben. Aber Gottes Weltsicht und seine unwandelbare Liebe schenken mir einen hoffnungsvollen Ausblick in die Zukunft. In seiner Kapazität zu leben, hat mein Denken neu ausgerichtet.

Gott ruft jeden von uns auf verschiedene Weise zu unserer vollen Kapazität auf. Manche sind dazu aufgerufen, als Leiter voranzugehen; viele aus meinem engsten Freundeskreis folgten Gottes Ruf auf die Kanzel oder an die Spitze einer christlichen Organisation. Ihre verborgenen Kräfte wachsen, während sie Gottes Wahrheit im Glauben und in der Weisheit verkünden. Andere entdecken, was in ihnen steckt, darin, dass sie in der Welt Licht und Salz sind. Überall im Land dienen sie Gott in Firmen und Organisationen, in der Schule, zu Hause oder am Arbeitsplatz; sie sind offen für Gottes Aufforderung, ihre Stimme zu erheben, großzügig zu geben und anderen zu dienen. Ihre Kapazität erweitert sich durch ihre Beziehungen und durch den ganz persönlichen Dienst, der geschieht, wenn wir uns selbst in das Leben anderer Menschen investieren.

Kürzlich durfte ich miterleben, wie sich die Kraft zur Veränderung ganz persönlich und praktisch im Leben einer Freundin von uns auswirkte. Meine Frau Lisa und ich kennen Natasha schon seit über zwanzig Jahren und während dieser Zeit hat sie viele ihrer Probleme mit uns geteilt. Schon in jungen Jahren verlor sie beide Eltern, hatte gesundheitliche Schwierigkeiten und es war schwer für sie, eine dauerhafte Beschäftigung zu finden. Der Rest ihrer Familie hatte sich von ihr abgewandt und sie hatte seit mehr als zehn Jahren keinen Kontakt mehr zu ihnen. Schließlich machte sie eine Ausbildung und wurde Krankenpflegehelferin. Dennoch stand sie weiterhin finanziell unter Druck und hatte mit schweren gesundheitlichen Problemen zu kämpfen. Lisa betete regelmäßig mit Natasha zusammen und bat Gott um seine Fürsorge in ihrem Leben.

Vor ein paar Monaten hatte Lisa den Eindruck, sie sollte etwas gegen eines von Natashas offensichtlichsten Problemen unternehmen – ihre schlechten Zähne. Diese wirkten sich negativ auf Natashas Gesundheit, ihr Selbstbewusstsein und ihre Beziehung zu anderen Menschen aus. Lisa arbeitet für das *Good Samaritan Health Center* in Atlanta, das einkommensschwachen Personen, die keine Krankenversicherung besitzen, die Möglichkeit der medizinischen Behandlung bietet. Lisa machte ein paar Anrufe und vereinbarte für Lisa einen Zahnarzttermin. Monate später besuchte Natasha uns mit einem brandneuen Lächeln. Die sanierten Zähne ließen ihr Selbstbewusstsein wachsen. Zum ersten Mal seit Jahren nahm sie wieder Kontakt zu ihrer entfremdeten Familie auf und diese lud sie zu gemeinsamen Ferien ein. Sie fand auch eine neue Arbeitsstelle, die ihr ein regelmäßiges Einkommen sichert.

All diese Veränderungen begannen mit einem kleinen Anstoß von Gott, sich liebevoll um einen Menschen zu kümmern.

Wo ruft Gott vielleicht Sie auf, die Hand auszustrecken, Ihre Kapazität auszuweiten, indem Sie einem anderen Menschen Liebe zeigen? Für Lisa bedeutete es, ihre Kontakte zu nutzen, damit ihre Freundin die dringend benötigte Zahnbehandlung erhielt. Für einen kleinen Jungen auf einem Hügel bedeutete es, seinen begrenzten Essensvorrat zur Verfügung zu stellen. Für Jeremy Cowart hieß es, seine Kamera einzusetzen, um auf eine humanitäre Not aufmerksam zu machen und Licht in eine der dunkelsten Geschichten hineinzubringen. Für die Ingrams war es das Geld für die Miete. In jedem Fall rief Gott eine Person dazu auf, ein Risiko auf sich zu nehmen und sich auf das Abenteuer einzulassen, Gottes Möglichkeiten der Fürsorge zu erleben. Gott zeigte all diesen Menschen die Antworten und die Vorräte, die bereits vorhanden waren – die er auf wunderbare Weise im komplexen Wirken der Schöpfung bereitgestellt hatte und die nur darauf warteten, im Gebet entdeckt zu werden.

Ich habe die Erfahrung gemacht, dass Gott uns oft zu dem beruft, was uns sowieso schon auf dem Herzen liegt. Nicht selten sind es die Bereiche, in denen wir selbst Leid erlebt haben. Wenn Ihr Herz sich besonders dem Schicksal von Waisenkindern zuneigt oder wenn Sie im Gebet immer wieder an die Opfer einer aktuellen Katastrophe denken müssen, dann seien Sie offen zu hören, wozu Gott Sie vielleicht berufen möchte. Wie können Sie dazu beitragen, dass sich seine Verheißung der Fürsorge für seine anderen Kinder erfüllt? Wie wird er Ihre Treue im Gegenzug segnen?

Wenn Sie sich entmutigt fühlen, weil Sie nur so wenig zu geben haben, dann haben Sie möglicherweise noch nicht entdeckt, wie Ihre Ressourcen und Gaben in mehr verwandelt werden können – wie Gott Sie gebrauchen und mehr aus Ihnen machen kann. Aber die Möglichkeiten sind da; Gottes Proviant wartet nur darauf, dass Sie ihn entdecken, im Gebet, durch Sorgfalt und durch die Bereitschaft, andere aktiv und großzügig zu lieben.

Oft ist es nicht einfach, unsere verborgenen Kräfte offenzulegen. Gott sieht die Kapazität manchmal gerade dort, wo unsere menschliche Perspektive sie niemals finden würde.

Haben Sie sich das Meer schon einmal genau angeschaut? Eines meiner liebsten Hobbys ist das Hochseeangeln. Darum habe ich schon viele Stunden im hinteren Teil eines Bootes verbracht und die sich endlos ausdehnende Wasserfläche betrachtet, die manchmal geradezu beängstigend sein kann. Bei einem meiner ersten Ausflüge stellte ich mir die bange Frage: Wie soll ich in einem so riesigen Gewässer überhaupt einen Fisch finden?

Glücklicherweise hatte ich erfahrene Guides an Bord, von denen ich lernen konnte. Ich sah zu, wie sie sechs oder sieben Angelschnüre auswarfen, obwohl nur zwei oder drei Leute fischen wollten. Jede Schnur hatte eine andere Rute, ein anderes Gewicht, um in unterschiedliche Tiefen zu gelangen, und einen anderen Köder. Das alles war strategisch ausgewählt, um verschiedene Fischarten anzulocken. Der Kapitän schaltete ein Gerät ein, mit dem man Fische unter Wasser aufspüren kann. Es verwendet Ultraschall, um Schwärme anhand von Schallwellen zu lokalisieren. Damit, so erkannte ich bald, verbesserten sich unsere Chancen, im riesigen Ozean einen kleinen Fisch zu finden, ungemein. Die endlose Wasserfläche verwandelte sich mithilfe der Wissenschaft in etwas Überschaubares, Vorhersagbares.

So ist es auch mit unserer Suche nach Möglichkeiten. Wir schauen uns die Welt an, die uns riesig und voller Not erscheint, und wir fühlen uns klein und verloren. Wo sollen wir anfangen, unsere Bestimmung, Erfüllung und Fürsorge zu entdecken, die Gott uns versprochen hat? Wie die Angler müssen wir logisch an das Ganze herangehen und das in die Tat umsetzen, was wir schon wissen: Gott möchte, dass wir mit ihm über die Möglichkeiten, die vor uns liegen, sprechen und ihn bitten, uns die Augen zu öffnen für das, was sich jenseits des Hier und Jetzt befindet. Er ruft uns dazu auf, uns einzubringen, Anhaltspunkte zu sammeln und sorgfältig vorzugehen.

Wenn wir im Gebet unseren Blick nach oben richten, werden die Möglichkeiten offenbar.

Wenn wir Gott lieben und im Rhythmus der Beziehung zu ihm leben, wird die verborgene Kraft aufgebaut.

Durch Mühe und Anstrengung wächst die Kraft.

Wenn wir unsere einzigartigen Stärken und Gaben entdecken, wächst die Kapazität.

Anderen in Liebe zu dienen, stärkt die Kapazität. Im Glauben Investitionen vorzunehmen, baut die Kapazität auf.

Von „ob überhaupt" zu „wie viele?"

Die logische Vorgehensweise meiner Angel-Guides führte mich weg von der Frage, ob ich überhaupt einen Fisch fangen würde, hin zu der Überlegung: *Wie viele werde ich wohl heute fangen?* Das war der entscheidende Wendepunkt, damit ich allmählich Spaß an der Sache haben konnte.

Im Leben ist das noch viel wichtiger. Wir können das Mangeldenken und die Furcht erst überwinden, wenn wir so viele „Angelruten" wie möglich auswerfen und uns fragen: *Wie viele Fische wird Gott mir wohl schenken?* Wenn wir den Übergang schaffen von „ob überhaupt" zu „wie viele?", dann lassen wir den Mangel und die Furcht hinter uns und begeben uns auf den Weg des Glaubens und der Fülle.

Die heutige Welt dreht sich viel zu sehr um Begabungs- und Fähigkeitstests, mit denen eher das gemessen wird, was ist, als das, was sein könnte. Aber Gottes Weg ist ein anderer. Er führt uns an Orte, an denen die Bestimmung, der Dienst, die Erfüllung und die göttliche Fürsorge eine Rolle spielen, und das tut er, indem er uns dazu aufruft, uns in jeder Situation das Land der Möglichkeiten vor Augen zu halten.

Wenn wir uns von der Frage wegbewegen, *ob* für uns gesorgt wird, und uns eher die Frage stellen, *wie viel* Segen uns Gott schenken wird, dann sehen wir die Dinge nicht mehr so, wie sie zu sein scheinen, sondern wir entdecken die unbegrenzten Möglichkeiten unseres Schöpfers. Die Hoffnung keimt wieder auf, sobald wir frei werden durch den Glauben, dass Gott größer ist als das, was wir sehen. Gott kann die hoffnungslos Gefangenen befreien. Er kann das unfruchtbare Land mit Leben erfüllen. Bei Gott gibt es „keinen Wechsel von Licht zu Finsternis" (Jakobus 1,17); er hat alles unter Kontrolle.

Wenn wir unseren Blick zum Himmel erheben, dann sollten wir Gott bitten, uns zu zeigen, wem wir mit unserer Kraft, Zeit und Begabung, mit unseren Verbindungen und Ressourcen zum Segen werden können. Unseren Glauben zu praktizieren, stärkt unsere Kraft und Möglichkeiten. Es baut sozusagen die „Muskelmasse" unseres Glaubens auf.

Durch den Glauben sehen wir, dass Gott die Saat seiner Fürsorge bereits in uns, in anderen und in der Schöpfung angelegt hat. Die Chancen sind greifbar nahe, und so liegt es an uns, die Saat auszusäen und uns um sie zu kümmern.

Wir haben bereits gesehen, wie eine Kamera, eine Zahnbehandlung und sogar ein beruflicher Abstieg auf eine zukünftige Versorgung und ein Ziel hindeuteten. Wir haben erfahren, wie Familien unerwartete Kapazitäten der Liebe und Gnade entdeckten, als sie offen dafür waren, ihre Ressourcen, ihre Zeit und sogar ihr Zuhause mit anderen zu teilen. Wenn wir uns auf dieses Verständnis von Kapazität einlassen, begeben wir uns auf eine Abenteuerreise des Glaubens.

Gottes Rhythmus der Fürsorge für Sie: Kapazitätenkiller

In Kapitel 2 sind Sie auf Gott zugegangen und haben ihn um Glauben gebeten und darum, dass er Ihnen neue Türen öffnet. Nun denken Sie darüber nach, welcher Kampf um Sie tobt, um Ihnen Ihre Kapazität wegzunehmen. Gott hat jeden von uns mit Möglichkeiten geschaffen, die jenseits unserer Vorstellungskraft liegen. Unsere zukünftige Versorgung rührt nicht zuletzt daher, dass diese verborgenen Kräfte erschlossen werden. Doch der Druck, den diese Welt auf uns ausübt, kann Menschen leicht in Abhängigkeiten oder andere schädliche Gewohnheiten abgleiten lassen.

Gott ist für uns! Doch wir haben einen Feind, der stehlen, töten und zerstören will. Bitten Sie Gott um Schutz vor diesem Feind und bitten Sie ihn auch, Sie von ungesunden Begierden zu befreien. Beziehen Sie einen guten Freund oder eine gute Freundin in dieses Gebet mit ein.

Teil 2

Sich Gott zur Verfügung stellen

Jesus nahm die fünf Brote und die zwei Fische, blickte zum Himmel auf *und dankte Gott dafür.* Dann brach er die Brote in Stücke und gab sie seinen Jüngern, damit diese sie an die Menge verteilten. Auch die zwei Fische ließ er unter alle verteilen.

Markus 6,41;
Hervorhebung durch den Autor

Kapitel 3

Eine unsichtbare Hand

Was es bedeutet, sich Gott zu „weihen"

Die hungrigen Menschen auf dem Hügel warteten und beobachteten, was als Nächstes geschehen würde. Die Anweisung des Rabbis, Platz zu nehmen, hatte sich in der ganzen Menschenmenge verbreitet und sorgte für gespannte Erwartung. Sie waren hungrig und müde.

Aber Jesus, so scheint es, hatte es nicht eilig. Er hielt den Proviant des Jungen in der Hand und nahm sich die Zeit, zum Himmel aufzublicken, um in diesem kleinen Essensbeitrag die Kapazität zu entdecken. Und dann, so heißt es in jedem der Evangelien, dankte er Gott.

Das war kein routinemäßiges Tischgebet nach dem Motto: „Für Speis und Trank, fürs täglich Brot wir danken dir, o Herr." Dieses Gebet ging viel tiefer, denn es hatte die Kraft, die Speise zu vermehren.

Mir gefällt es, mit welchen Worten Walter Brueggemann dieses Mahl beschreibt: „ein Dankessen, bei dem Gott der Not der Menschen mit seiner Großzügigkeit begegnet". Er schreibt weiter:

> Gottes Tun verwandelt. Das Brot bleibt zwar genau das, was es ist – Brot –, und doch wird es zu etwas, das es vorher nicht gewesen ist: ein Träger all der verborgenen, machtvollen Gaben Gottes. Die Menschenmenge bleibt, wie sie war, und doch wird sie zu etwas, das sie selbst nicht geahnt hat: ein Volk, das empfangen darf, womit es sich nicht selbst versorgen kann. Die Wüste bleibt auch so, wie sie war, und zugleich wird sie zu

etwas, das niemand erwartet hat: ein Ort, an dem man leben kann, der Schauplatz der Regentschaft Gottes.[21]

Als Jesus für das Brot des Jungen dankte, appellierte er damit an Gottes Gegenwart, seine Macht und Heiligkeit, damit sie etwas aus der Gabe machte. Er *weihte* das Brot Gott.

Weihen ist ein Wort, das in der modernen Welt nicht mehr oft auftaucht, es sei denn in einem kirchlichen Zusammenhang wie zum Beispiel der katholischen Priesterweihe. In manchen Konfessionen werden auch Brot und Wein beim Abendmahl „geweiht". Doch aus der Verwendung des Begriffes wird kaum deutlich, welche Fülle an Bedeutung wirklich in ihm steckt und was er zu unserem geistlichen Leben beitragen kann.

Etwas Gott zu weihen, hat mit dem Heiligen zu tun; es lädt die göttliche Heiligkeit in unser begrenztes menschliches Erleben und Bemühen ein.

In Teil 1 ging es um den Rhythmus unserer Beziehung zu Gott; dieser beginnt mit Gott und den erstaunlichen Möglichkeiten, die er in uns und in die Schöpfung hineingelegt hat. Nun schwingt das Pendel zurück zu uns. Wir sollen das, was wir sind und haben, Gott weihen, sodass seine Gegenwart, sein Plan und seine Ziele auf eine neue, unverbrauchte Art und Weise in unser Leben hineinkommen können. Wenn wir das tun, bitten wir ihn, unser Leben neu zu ordnen, und zwar so, dass es ihm Ehre bringt und uns Erfüllung.

Gott dringend nötig haben

Im Geschäftsleben gibt es manchmal Wendepunkte, an denen etwas – sei es ein Projekt, ein Trend oder ein Börsenkurs – auf markante Weise die Richtung wechselt. Auch im Leben von Menschen gibt es solche Wendepunkte, zum Beispiel wenn wir eine neue Arbeitsstelle antreten, einen Todesfall in der Familie haben, wenn wir die Person kennenlernen, die wir einmal heiraten werden, oder auch wenn wir einen Verrat oder Verlust erleben müssen. Ich erinnere mich an sechs oder sieben solcher besonderen Momente in meinem eigenen Leben. Sie veränderten meinen Weg und prägten meine Erfahrung. Meistens wurden diese Ereignisse von einer bestimmten Person herbeigeführt und manchmal war es jemand, den ich nicht besonders gut kannte. Doch in dem kurzen Zeitraum, in dem sich unsere Lebenswege kreuzten, veränderte sich etwas in mir.

Ein solches Erlebnis hatte ich mit 26 Jahren. Ich arbeitete immer noch für jene renommierte Buchhaltungsfirma. Diese schickte mich für ein halbes Jahr zu einem Projekt nach Melbourne in Australien. Das war noch bevor Smartphones und kabellose Internetverbindungen es einem einfach machten, mit anderen in Verbindung zu bleiben. Und so saß ich im Flugzeug, flog buchstäblich ans andere Ende der Welt und fühlte mich von jedem und allem getrennt, was ich kannte. Ich starrte aus dem kleinen Fenster der Maschine, betrachtete die Krümmung der Erdkugel und dachte, es müsse doch mehr im Leben geben als das, was ich bisher gesehen hatte. *Wenn ich siebzig oder achtzig Jahre lebe und dann ins Grab gesenkt werde,* so sagte ich mir, *dann sollte ich doch mehr Spaß im Leben haben und nicht so hart arbeiten.*

Doch meine Vorgesetzten im Büro von Melbourne hatten da andere Vorstellungen. Sie waren entschlossen, für ihr Geld das meiste aus mir herauszuholen, und luden mir eine ganze Reihe von Klienten auf. Ich arbeitete zahllose Stunden mit fremden Menschen zusammen und ging dann nach Hause in meine kalte Wohnung, die nur von einem kleinen elektrischen Gerät geheizt wurde, das kaum mehr Wärme erzeugte als eine Glühbirne. Für einen jungen Single war es ein einsames Leben.

Dazu kam, dass ich ja nur für mich selbst lebte. Brueggemann beschreibt das Leben ohne Gott als „eindimensional, flach, leer und ermüdend"[22]. Das trifft ziemlich genau meine damalige Situation. Ich drehte mich vor allem um mein

Vergnügen, meine Arbeit, meine Bedürfnisse und mich selbst. Diese Selbstzentriertheit brachte mir weder Glück noch Erfüllung. Das tut sie nämlich nie.

Dann traf ich eine junge Frau, die ganz begeistert von einer Gemeinde war, die sich „Richmond Temple" nannte. Sie redete unaufhörlich davon, und was sie erzählte, hörte sich nicht nach der Gemeinde zu Hause in New England an, die ich ein paar Mal besucht hatte. Die Gottesdienste dort waren lang und langweilig, auch weil der Pastor so lahme Witze erzählte und in strengem Ton predigte. So wie ich Kirche kennengelernt hatte, war es nichts, wofür man sich begeistern konnte.

Aber ich war einsam und langweilte mich und so beschloss ich eines Tages, diese australische Richmond-Temple-Gemeinde auszuprobieren. Als ich eintrat, war das Erste, was ich hörte, Trompetenmusik und das Erste, was ich sah, waren freundliche Menschen, die mir eifrig die Hand schüttelten und mich willkommen hießen. Der Gottesdienst war ganz anders, als ich es erwartet hatte. Die ganze Zeit wurde Musik gespielt und die Leute schwenkten die Arme in der Luft hin und her und beteten laut. Der Gottesdienst dauerte Stunden.

Ehrlich gesagt schreckten mich der Lärm und das energische Predigen „des Wortes" bei jenem ersten Besuch ab. Als es endlich vorüber war, kam eine ältere Dame auf mich zu und überreichte mir ein paar kleine Broschüren über die Bibel. Zurück in meiner Wohnung warf ich die Literatur mit voller Wucht gegen die Wand und schwor mir: „Der Tag, an dem ich das brauche, wird der traurigste in meinem Leben sein."

Aber ich war immer noch einsam und die Wochenenden kamen mir endlos und leer vor. Ich beschloss, wieder zur Gemeinde zu gehen, allerdings unter dem Vorwand, dies sei ein soziologisches Experiment. Ich würde nur dasitzen und beobachten, wie das von Karl Marx so bezeichnete „Opium fürs Volk" wirkte. In jugendlicher Selbstgefälligkeit schaute ich mir all diese Leute an – eine internationale Gemeinde von Griechen, Italienern und Australiern – und hielt sie für bedürftig und naiv.

Und doch ging ich immer wieder dorthin. Ich ahnte nicht, wie sich die freundlichen Blicke dieser „einfachen" Menschen, das herzliche Willkommen, die Einladungen zum Essen und – was mir am unglaublichsten schien – ihre sichtbaren Gebetserhörungen auf mich auswirken würden. Die meisten Gemeindeglieder waren arm und ihre Gebete waren einerseits von Verzweiflung und andererseits von Zuversicht geprägt. Nachdem ich monatelang gehört hatte, dass Jesus lebe, der menschgewordene Sohn Gottes sei und die Bibel Gottes Wort, hatte ich einen seltsamen Gedanken.

Was, wenn das wahr ist?

Ich war ein Skeptiker und wollte unabhängig sein. Im Studium hatte ich außerdem eine gesunde Dosis Statistik und Mathematik in mich aufgenommen. Obwohl die Freundlichkeit dieser fremden Menschen mein Herz zum Schmelzen brachte, war ich unfähig, den nächsten Glaubensschritt zu gehen. Darum hörte sich das erste Gebet meines Lebens ungefähr so an: „Lieber Gott, ich habe 26 Jahre gelebt, ohne je so etwas gehört oder solche Menschen getroffen zu haben. Ich habe noch nie erlebt, dass du in diese Welt so eingreifst, wie du es hier tust. Wie kann es sein, dass diese eine Gruppe von Menschen an diesem einen Ort recht hat und alle anderen Menschen in meinem Leben falschliegen? Wenn du mir diese Frage beantworten kannst, werde ich dir alles geben. Amen."

Fast sofort danach hörte ich eine Stimme in meinem Inneren sagen: „Jack, wie viele Leute kennst du, die wirklich wissen, dass sie mich brauchen?"

Da erkannte ich zum ersten Mal: Von meiner distanzierten, trauernden Familie über meine leistungsorientierten College-freunde und Mentoren bis hin zu meinen hart arbeitenden und mit harten Bandagen kämpfenden Kollegen war ich immer von Leuten umgeben gewesen, die unabhängig und selbstgenügsam waren oder es zumindest sein wollten. Ich kannte niemanden, der zugab, dass er jemand anderen, geschweige denn ein höheres Wesen brauchte.

Ich begann mich zu fragen: *Was wäre, wenn der Schlüssel zum Leben darin besteht, dass wir Gott dringend nötig haben?*

Ich wollte gern glauben, dass Jesus sein Blut vergossen hat, um allen zu vergeben, die an sein Opfer zur Erlösung für ihre Sünden glauben und es für sich annehmen. Ich wollte vor dem Kreuz niederknien. Und doch diskutierte ich mit den Leuten aus der Richmond-Temple-Gemeinde über die Ausschließlichkeit der christlichen Botschaft.

Eines Sonntagmorgens gab es am Ende des Gottesdienstes einen Aufruf nach vorn, wie ich bisher keinen gehört hatte. Der Pastor hatte über die Begegnung zwischen Jesus und der Frau am Brunnen gepredigt. Jesus versprach ihr lebendiges Wasser, damit sie nie wieder durstig sein würde. Der Pastor lud alle ein, die Durst hatten und Vergebung brauchten, nach vorn zum Altar zu kommen. Er sagte: „Kommt nicht, wenn ihr nicht bereit seid, Jesus alles zu geben, was ihr seid und was ihr habt."

Gott rührte mein Herz an. Ich musste schlucken. Ich wusste, dass ich genau wie jene Frau am Brunnen war: Ich brauchte das Wasser, das Jesus mir anbot. Aber war ich bereit, alles für ihn aufzugeben? Ich hatte nicht viel außer meinem Job und 1000 Dollar auf meinem Bankkonto.

Gott ließ nicht locker. Schließlich stand ich von meiner Bank auf und ging nach vorn. Ich gab der Gemeinde das Geld auf meinem Bankkonto und nahm Jesus als meinen Herrn und Erlöser an.

Seit jenem Tag hat sich mein Leben grundlegend verändert.

Jahrzehnte später erkenne ich, dass das, was damals vorn am Altar geschah, nicht nur der Augenblick meiner Erlösung war. Das war er zwar ganz bestimmt, aber Gott rief mich durch die Worte des Pastors auch noch zu etwas anderem auf.

Er rief mich dazu auf, ihm alles zur Verfügung zu stellen, was ich war, was ich hatte und was ich je sein würde.

Endprodukte

Als ich darüber nachdachte, was es bedeutet, Gott etwas zu weihen, und dass dies der Schlüssel zu seiner Fürsorge ist, meldete sich der Geschäftsmann in mir: Ich entdeckte in all dem ein Muster. Der Prozess, Gott etwas zu weihen, so wie Jesus es auf dem Hügel tat, und das Ergebnis, das dabei herauskommt – das alles erinnerte mich auf erstaunliche Weise an das, was ich über die Herstellung von Produkten wusste.

Erinnern Sie sich noch an das, was ich in Kapitel 1 über Silizium geschrieben habe, dieses wertvolle Element aus Sand, aus dem man Mikroprozessoren herstellen kann? Um das, was sich in unserer Sandkiste befindet, in das zu verwandeln, was unsere Smartphones so smart macht, müssen zunächst Sauerstoff und andere nicht benötigte Stoffe aus dem Silizium entfernt werden. Dann wird das Silizium im Hochofen auf über 2000 Grad Celsius erhitzt. Auf diese Weise werden alle Verunreinigungen weggebrannt und es bleibt nur noch ein Barren reinen Siliziums übrig, der dann zu Computerchips und anderem wertvollen Material verarbeitet werden kann.

Silizium ist in dieser Hinsicht nichts Einzigartiges. Die meisten Rohstoffe wie Erdöl, Pflanzen und Metalle, aus denen Wissenschaftler und Firmen unsere Alltagsprodukte herstellen, müssen einen intensiven zweistufigen Prozess der *Trennung* und *Reinigung* durchlaufen. Dieser Vorgang verändert die Zusammensetzung des ursprünglichen Materials und verwandelt es in etwas ganz anderes, das auf eine Weise verwendet werden kann, wie es mit dem ursprünglichen Material nicht möglich wäre.

Haben Sie gewusst, dass Erdöl aus Milliarden toter Mikroorganismen besteht, die über Tausende von Jahren bestimmten Bedingungen ausgesetzt waren? Nachdem das Erdöl gefördert wurde, wird es getrennt, gereinigt und dann zu Produkten wie Benzin, Schmieröl und chemischen Rohstoffen verarbeitet. Heutzutage trennt und reinigt die Pharmaindustrie Pflanzen und Chemikalien, um daraus natürliche und synthetische Arzneien herzustellen, mit denen gesundheitliche Beschwerden gelindert werden können. Und in Minen rund um den Globus werden Metalle getrennt und später gereinigt.

Unser Alltag, von der Kosmetik im Badezimmer bis zu den Reifen an unserem Auto, beruht auf dem physikalischen Konzept der Trennung und Reinigung. Ohne dieses wäre es uns nicht möglich zu erkennen, welche Kapazität die Ressourcen der Schöpfung besitzen, um zu Smartphones, Benzin oder Plastik zu werden.

Auch unsere geistliche Gesundheit beruht auf diesem Prinzip. Als ich dem Aufruf des Pastors in jener australischen Gemeinde folgte, erfolgte in meinem Leben zunächst eine Trennung und später eine Reinigung, ohne die Gott mich nicht so hätte gebrauchen können, wie er es getan hat.

Trennung und Reinigung

Wir alle sind fehlerhafte Menschen; wir bestehen sozusagen aus einem Rohmaterial, das getrennt und gereinigt werden muss, damit wir die Fülle der Möglichkeiten Gottes und seiner Ziele mit uns erfahren können.

Wir haben bereits gehört, dass es einen Rhythmus in der Beziehung zwischen Gott und uns gibt und ebenso in seiner Fürsorge für uns. Wenn wir handeln, handelt er auch. Das lässt sich gerade dann klar erkennen, wenn wir Gott etwas zur Verfügung stellen, es ihm weihen.

Dies bedeutet zunächst, dass eine Person etwas auswählt, das zu Gottes Ehre und für seine Ziele geheiligt werden soll. Das geschieht in einer bewussten Entscheidung und Handlung.

Gott gibt uns darin ein Vorbild in Johannes 10,36. Jesus spricht im Tempelvorhof zu den Juden, die ihn gefragt haben, ob er der Messias sei. Seine Äußerung, alles, was er getan habe, sei vom Vater autorisiert, befremdet sie. Er antwortet ihnen, indem er sich als den bezeichnet, „der von Gott selbst auserwählt und in die Welt gesandt wurde" (Hfa).

Gott selbst hat seinen Sohn auserwählt, ihn also ausgesondert, sodass dieser uns Gottes Botschaft in einer für uns greifbaren Form übermitteln konnte.

Auf jenem Hügel dankte Jesus Gott und, so nehmen wir an, lud ihn ein, an dem Mahl teilzunehmen, das kurz darauf erfolgen sollte. Jesus *wählte* also die bescheidene Mahlzeit von fünf Broten und zwei Fischen *aus* und weihte sie Gott, damit mehr aus ihr werden konnte, als auf den ersten Blick möglich schien.

Wir wiederum können unser Leben, unsere Begabungen und sogar unsere Probleme Gott weihen. Wir brauchen ihn nur zu uns einzuladen und ihn zu bitten, sie für seine Ziele zu gebrauchen. Was das bedeutet, werden wir uns im nächsten Kapitel näher ansehen. Nun wollen wir uns aber zunächst mit dem zweiten Schritt befassen, der erfolgt, wenn wir Gott etwas zur Verfügung stellen.

Wenn Gott etwas geweiht wird, dann handeln nicht nur wir dabei, sondern auch Gott. Wir geben ihm unsere Gaben und dann kommt er und reinigt sie. So heiligt er sie auf eine Weise, wie wir allein es nie tun könnten.

Der Schlüsselbegriff hier ist *heiligen*. Die Heiligkeit Gottes wird von manchen Theologen auch als „das Anderssein Gottes" bezeichnet.[23] Sie unterscheidet ihn von jedem anderen Wesen. Wenn wir sein „Anderssein" in unser Leben einladen, dann verändert es alles, was mit ihm in Berührung kommt, auf eine Art und Weise, die ohne Gott schlichtweg nicht möglich wäre.

Manche Eigenschaften teilen wir mit unserem Schöpfer. Er gab uns etwas von seiner göttlichen Güte, Freundlichkeit und Liebe ab. Er schenkte uns einen freien Willen und die Fähigkeit, uns für oder gegen ihn zu entscheiden. Wir haben also die Wahl, ob wir ihn in unser Leben einladen oder nicht; doch nur er kann etwas wahrhaft und ganz und gar Heiliges daraus machen.

„Wer sollte sich dir nicht in Ehrfurcht unterstellen, Herr? Wer sollte deinen Namen nicht ehren? Denn du allein bist heilig!", schreibt der Verfasser von Offenbarung 15,4. Und sowohl in Jesaja 6,3 als auch in Offenbarung 4,8 singen die Engel, der himmlische Hofstaat sozusagen: „Heilig, heilig, heilig", wobei sie von der Transzendenz Gottes und den Eigenschaften der Dreieinigkeit sprechen.

Wir können nicht durch unseren Willen und unsere Anstrengung heilig werden. Wenn Gott uns auffordert, heilig zu sein, dann meint er damit den Prozess der Trennung und Reinigung, den nur er herbeiführen kann. Unsere Seele ist durch die Sünde verunreinigt, darum brauchen wir einen Reinigungsprozess und Gottes läuterndes Feuer, um von ihm angenommen zu werden.

Das geschieht dadurch, dass wir uns ihm weihen. Als Christus für mich starb, löschte er damit meine Schuld aus; es war die ultimative Reinigung. Und als ich damals in jener Kirche in Australien nach vorn zum Altar ging und mich sozusagen freiwillig in den Hochofen Gottes begab, schmolz meine geistliche Unreinheit weg, so wie auch das Silizium von allen Verunreinigungen befreit wird. Meine Seele wurde von Grund auf verändert. Gott erfüllte mich mit seiner Heiligkeit und ich wurde, wie der Apostel Paulus es ausdrückt, eine „neue Schöpfung" (2. Korinther 5,17). Sicherlich habe ich immer noch meine Fehler, aber mir wurde vergeben. Ich wurde geliebt. Ich wurde erneuert.

Und jetzt, mit meinem erneuerten Blick, habe ich die Chance, den Segen des sich Gott Weihens weiter auszubreiten. Denn Gottes Heiligkeit in unser Leben einzuladen, geschieht nicht nur das eine Mal zum Zeitpunkt unserer Rettung.

Alles neu

Der Gedanke, etwas für Gott auszuwählen – oder zu opfern –, ist nicht neu. Nehmen wir zum Beispiel die Zehn Gebote, wo Gott den Israeliten befiehlt, den siebten Tag der Woche, den Sabbat, als einen heiligen und besonderen Tag zu achten. Er fordert sie auch auf, ihm ihre ältesten Söhne zu weihen, ihre besten Tiere und die ersten Früchte der Ernte: „Ein Zehntel jeder Ernte an Getreide und Früchten ist als heilige Abgabe für mich, den HERRN, bestimmt" (3. Mose 27,30).

Heute betrachten wir die Abgabe des „Zehnten" meist nur unter finanziellen Gesichtspunkten und beziehen ihn nur auf unser berufliches Einkommen. Doch der Verfasser des 3. Buches Mose sieht hier ein viel größeres Potenzial. Der Zehnte ist keine mathematische Gleichung; er hat einen viel größeren Umfang. Er ist auch keine Verpflichtung, der wir nachkommen müssen, sondern *eine Einladung der Heiligkeit Gottes* in unser Leben.

Als Kinder Gottes dürfen wir ihm einfach alles bringen – unseren Beruf, unsere Kinder, unsere Ehe, unsere Begabungen, unsere Abhängigkeiten und Schwächen, unsere Zeit und unsere Finanzen –, damit er es für seine Ziele einsetzt und es sich für seinen Segen öffnet. Gott kann jeden Bereich unseres Lebens heiligen, wenn wir es ihm gestatten. Ein Gott geweihtes Leben sendet beständig diese Botschaft an Gott: „Ich gehöre zu dir; ich möchte, dass deine Heiligkeit alles erfüllt, was du mir geschenkt hast."

Viele Jahre nach meinem lebensverändernden Erlebnis in der Richmond-Temple-Gemeinde in Melbourne arbeitete ich für einen reichen europäischen Investor, der mich mit der Aufgabe betraute, als Manager mehrere Firmen für ihn zu leiten und sein Geld in neue Unternehmen zu investieren. Einmal befand ich mich in sehr schwierigen Verhandlungen, um für meinen Arbeitgeber eine Firma in Atlanta zu erwerben. Es war ein riskantes Unterfangen, sowohl für ihn als auch für mich.

Darum traf ich mich jeden Sonntag mit einem Freund zum Gebet. Von ganzem Herzen befahlen wir die gesamte Transaktion mit allen geschäftlichen Verbindungen, die sich daraus entwickeln würden, dem Herrn an. Wir baten ihn, etwas Besonderes aus dieser kleinen Firma in Atlanta zu machen, zu seinem Ruhm und seiner Ehre.

Der Deal war am Ende erfolgreich und das Geschäft blühte. Mein Chef erhielt das Hundertfache seiner Investition zurück. Als ich die Firma fünfzehn Jahre später verließ, war sie in ihrem Industriezweig zum zweitgrößten Unternehmen in den USA geworden. Sie beschäftigte fünftausend Mitarbeiter und sicherte somit vielen Familien ein stabiles Einkommen. Während wir weiter für diese eine kleine Firma gebetet hatten, war aus ihr etwas geworden, das sich über viele Jahre positiv auf die Menschen in Atlanta auswirkte.

Und das ist nicht die einzige Geschichte dieser Art, die ich erzählen könnte. Immer wieder habe ich erlebt, wie Gott die Menschen, die Entscheidungen und sich bietenden Gelegenheiten segnete, die ich ihm anbefahl. Er kümmert sich nicht nur um das Bedeutende und die großen Momente, sondern auch um scheinbar unwichtige Details.

Wenn ich Gott bitte, einen bestimmten Ein-Dollar-Schein zu segnen und keinen anderen, macht das wirklich einen Unterschied? Können sich eine Ehe, ein Kind oder ein geschäftlicher Deal verändern, wenn sie Gott zu seiner Ehre und für seine Ziele geweiht werden? Ich kenne zu viele greifbare und praktische Beispiele, die diese Frage bejahen würden, als dass ich Ihnen eine andere Antwort geben könnte.

Jesus sah die Not der Menschen um sich herum, er lud Gott ein, das Problem zu lösen, und Gott sorgte dafür. Ich glaube, als Jesus über dem Brot und den Fischen betete, veränderte sich tatsächlich deren Zusammensetzung. Sie wurden mit einer neuen Qualität erfüllt – einer Heiligkeit –, die es möglich machte, dass sie sich vermehrten.

Natürlich verändern sich bei einem Dollarschein oder einer

Beziehung nicht die physischen Bestandteile wie beim Brot und bei den Fischen. Ich denke, hier passiert etwas anderes: Wenn wir Gott ernsthaft einladen, mit seiner Kraft, seiner Gegenwart und seinen Zielen in unser Leben hineinzukommen, dann bewegt sich im Himmel etwas.

In seinem Matthäus-Kommentar macht der Theologe William Barclay eine interessante Feststellung hinsichtlich des Gleichnisses in Matthäus 13,33, wo Jesus das Reich Gottes mit einem Sauerteig vergleicht, der den ganzen Teig durchsäuert. Barclay erklärt, dass in der jüdischen Sprache und in ihrem Gedankengut Sauerteig mit einer Art Misstrauen betrachtet wird. Bei ihren Festen und insbesondere beim Passahfest verwenden die Juden nur ungesäuertes Brot. Barclay fragt sich folglich, ob Jesus diesen Vergleich für das Reich Gottes wohl ganz bewusst gewählt hat. Seine Jünger und die übrigen Zuhörer müssen es wohl als schockierend empfunden haben, dass das Reich Gottes mit einem Sauerteig verglichen wird. Das erregte bestimmt ihre Aufmerksamkeit, wie es bei einem ungewöhnlichen Vergleich ja immer der Fall ist.

Barclay schreibt: „Der springende Punkt in diesem Gleichnis ist ... die überwältigende Macht des Sauerteigs. Er *verändert* den Charakter des gesamten Backwerks. Die Zugabe von Sauerteig verursacht eine *Verwandlung* des Teigs; und das Kommen des Reiches Gottes verursacht eine Verwandlung des Lebens" (Hervorhebung durch den Autor).[24]

Als Geschäftsmann, der die meiste Zeit seines Berufslebens führende Aufgaben in Dienstleistungsunternehmen wahrgenommen hat, habe ich den Leuten immer gesagt, dass Jesus in der Dienstleistungsbranche tätig ist. Immerhin hat er ja gesagt: „Ich bin unter euch als der, der dient" (Lukas 22,27). Doch wenn wir uns näher mit der Frage beschäftigen, wie wir unser Leben Gott weihen können, entdecken wir, dass Jesus zudem in der Produktions-, Rohstoffgewinnungs- und Gesundheitsbranche tätig ist, denn er hat auch gesagt: „Ich mache alles neu!" (Offenbarung 21,5).

Die Heiligkeit beiseitegeschoben

Trotz der Verheißungen, die uns gelten, wenn wir unser Leben Gott weihen, und trotz der klaren Aufforderung in der Bibel, uns dem Prozess der Trennung und Reinigung durch Gott zu unterziehen, verdrängen viele Menschen diesen Gedanken ganz aus ihrem Alltag. Sie mögen Jesus ihr Herz geschenkt haben, doch in dieser zerbrochenen, fragmentarischen, vom Mangeldenken geprägten Welt sind sie nicht bereit oder es kommt ihnen gar nicht in den Sinn, ihm das zu überlassen, was ihren Alltag erfüllt.

Ich glaube, der Grund dafür ist, dass die moderne Welt und ihre Philosophien so stark vom Gegenteil der Heiligkeit geprägt sind.

Im Jahr 1776, als Amerika mit dem Unabhängigkeitskrieg gegen England beschäftigt war, schrieb am anderen Ende der Welt der schottische Philosoph und Ökonom Adam Smith den Klassiker *Untersuchung über Wesen und Ursachen des Reichtums der Völker.* Darin stellt er fest: Auch wenn die Menschen beim Erwerb von Reichtum ihre eigenen Interessen verfolgen, entsteht dabei dennoch unbeabsichtigt etwas Gutes, das der ganzen Gesellschaft Nutzen bringt. Er sieht darin – so seine berühmt gewordene Andeutung – eine „unsichtbare Hand", die diesen Prozess zu steuern scheint.

Smith wollte diese unsichtbare Hand nicht unbedingt als die Hand Gottes verstanden wissen. Zu Beginn des Industriezeitalters war er von einem sich ständig ausweitenden Wohlstand und Einfluss umgeben. Während Europa sich von den feudalen Regierungssystemen löste und sich immer neue Winkel der Erde erschloss, schien es grenzenlose Möglichkeiten zu geben. Eine wachsende Flut der wirtschaftlichen Produktion, der Forschung und des globalen Handels führte zu einer Ausweitung der Mittelklasse und eröffnete Menschen aller sozialen und wirtschaftlichen Schichten neue Chancen. Wenn ein Unternehmer eine Handelsroute eröffnete oder eine Fabrik gründete, schuf die Entstehung neuer Arbeitsstellen und die Verfügbarkeit von Ressourcen weitere Verdienstmöglichkeiten für viele andere.

Nun, etwa 250 Jahre später, hat sich die Situation natürlich verändert. Mit der Aufklärung begannen einzelne Menschen sowie ganze Gemeinschaften und Regierungssysteme, den Gedanken zu verwerfen, dass das menschliche Leben einen bestimmten Sinn hat und von einer höheren Macht geleitet wird. Unbeeinflusst von einer allgemeinen Moral oder von spirituellen Maßstäben wurde die Ethik zu einer individuellen Vorliebe. Gleichzeitig verschwanden allmählich jene günstigen Umstände, die eine wachsende Wirtschaft gestützt hatten.

Es ist kaum möglich, ein Buch über das Leben in einer Zeit der Furcht und des Mangels zu schreiben, ohne die Themen der ungleichen Verteilung des Wohlstands und der ökonomischen Spaltung anzusprechen, die in den letzten vierzig Jahren bei so vielen Familien das Gefühl verursacht haben, im Stich gelassen und ausgenutzt worden zu sein.

Diese Veränderungen kann man unter anderem auf die moderne Technologie zurückführen und darauf, dass sie nur wenigen Menschen auf überproportionale Weise Nutzen bringt. Vor rund hundert Jahren erfand Henry Ford sein Model T und er brauchte eine Fabrik voller Arbeiter, um das Auto zu produzieren. Im Jahr 1914 beschäftigte er 13 000 Mitarbeiter, die 260 000 Autos am Fließband herstellten. Er bezahlte ihnen mehr als das Doppelte des durchschnittlichen Gehalts und verbesserte ihre Lebensqualität dadurch ungemein. Nichtsdestotrotz erzielte er selbst bei dieser Vorgehensweise immer noch einen recht ansehnlichen Gewinn.[25]

Vergleichen wir das einmal mit WhatsApp, einer cleveren globalen Kommunikationstechnologie, die von einer Handvoll Unternehmern ins Leben gerufen wurde. Anfang des Jahres 2014 verkündeten ihre Schöpfer stolz, die App habe mittlerweile 420 Millionen Anwender. Das Unternehmen selbst hatte jedoch nur 55 Beschäftigte. Facebook kaufte die App in jenem Herbst für 19 Milliarden Dollar. Das ist mehr als das Vermögen ganzer Staaten – und es floss in die Taschen einiger weniger Menschen.[26]

Etwas hat sich grundlegend in unserer Gesellschaft verändert. Woher kommen diese extremen Gewinnspannen, Gehälter und Vermögenskonzentrationen in unserer modernen Wirtschaft? Und was hat das alles damit zu tun, ob wir uns Gott zur Verfügung stellen oder nicht?

Wenn ich die geschichtliche Entwicklung betrachte, muss ich feststellen: Die Probleme der ungleichen Verteilung und die Belastungen und Frustrationen, die daraus entstehen, rühren nicht daher, dass Gott in unserem Leben abwesend ist – das ist er nämlich nie; ihr Ursprung liegt in der Säkularisierung, von der unsere Kultur heute geprägt ist.

Ganz einfach ausgedrückt: Wenn wir unser Leben Gott weihen, dann lassen wir ihn und seine Heiligkeit in die Details unseres Lebens hinein. Die Säkularisierung dagegen verdrängt Gott und seine Heiligkeit aus unserem Leben.

Mir ist klar, dass der Begriff der Säkularisierung in unserer polarisierten Gesellschaft emotional aufgeladen ist. Ich verstehe ihn jedoch nicht so, wie er normalerweise in politischen Diskussionen oder in den Medien gebraucht wird, wenn es um die Trennung von Kirche und Staat geht. Diese Bedeutung gehört zwar auch dazu, reicht aber nicht tief genug.

Unser Leben Gott zu weihen, ist mehr als das Thema einer Sonntagspredigt. Folglich geht es bei der Säkularisierung um mehr als nur um die Frage, ob man vor dem Rathaus an Weihnachten eine Krippe aufstellen soll oder nicht.

Der ägyptische Wissenschaftler Abdel Wahab El-Messiri war der Erste, der den Unterschied zwischen dem staatlichen Gedanken einer teilweisen Säkularisierung und einer vollständigen Säkularisierung definierte. Letztere nannte er „die Trennung zwischen allen Werten … *sodass die Heiligkeit aus der Welt entfernt* und die Welt in eine nutzbare Materie verwandelt wird, die so eingesetzt werden kann, dass sie den Starken dient" (Hervorhebung durch den Autor).[27]

Der „Erwählungsglaube" derer, die Gott nachfolgen, und die Heiligkeit des Geistes Gottes in der Welt sind wie der Sauerteig, den Jesus beschrieben hat: Sie durchdringen die ganze Gesellschaft. Ich bin überzeugt, dass die wachsende Kluft zwischen Arm und Reich, die unsere ganze Gesellschaft gefährdet, eine direkte Folge dieses Säkularisierungsprozesses ist, in dem „die Heiligkeit aus der Welt entfernt wird". Es ist ja gerade die Gegenwart und Gnade Gottes, die uns dazu bringt, anderen Gutes zu tun … und sie aufzurichten! Die Säkularisierung im weiteren Sinn beseitigt diese Gegenwart, Macht und Lebenskraft Gottes – diese Heiligkeit – aus unserem Handeln, und zwar sowohl im Privat- als auch im Geschäftsleben. Sie leugnet die zentrale Rolle, die dem Schöpfer in seiner Schöpfung zukommt. In das so entstehende Vakuum rückt eine sorgenerfüllte Gesellschaft nach, die durch Ungleichheit und Kampf gekennzeichnet ist. Wenn sich in den Menschen als den Geschöpfen Gottes nicht die göttlichen Eigenschaften der Barmherzigkeit, der Fürsorge und des Respekts anderen gegenüber widerspiegeln, dann gibt es bald nichts mehr, was uns davon abhält, dem Mangeldenken komplett nachzugeben.

Selbst Analytiker des Finanzdienstleistungsunternehmens Goldman Sachs, eines Giganten der freien Marktwirtschaft, kamen in einem 2016 veröffentlichten Bericht über den gegenwärtigen Zustand der Welt zu dem Schluss: Wenn „falsche und überhöhte" Gewinnspannen von Unternehmen weiter fortbestünden, müsse „die Effizienz des Kapitalismus in Zukunft viel umfangreicher infrage gestellt werden".[28] Sowohl ein führendes Investitionsunternehmen als auch ein ägyptischer Wissenschaftler weisen auf die zerstörerischen Folgen dessen hin, was ich auf den Prozess der Säkularisierung zurückführe.

Wenn ich mir die Welt von heute anschaue, dann komme ich zu der Überzeugung: Wo Gott beiseitegedrängt wird, gibt es für menschliche Ambitionen keine Grenzen mehr und die

Ungerechtigkeit nimmt zu. Die Säkularisierung ist in diesem Zusammenhang das Gegenteil eines Gott geweihten Lebens. Sie ist vom menschlichen Streben nach Macht bestimmt und von unserem Wunsch, unsere eigenen Götter zu sein. In diesem geistlichen Kampf befinden wir uns jetzt. Nur wenn wir die „unsichtbare Hand" wieder in den öffentlichen Raum hineinbitten, können wir die gute Ordnung wiederherstellen.

Uns Gott zur Verfügung zu stellen, ist deshalb so wichtig, weil wir auf diese Weise Gottes Heiligkeit zu uns einladen. Wenn wir die große Bedeutung der Heiligkeit Gottes verkennen, ihn beiseitedrängen und versuchen, die Dinge selbst zu „reinigen", werden wir scheitern. Menschen werden verletzt. Das Mangelempfinden, das zurzeit so weit verbreitet ist – dieses Gefühl, dass nicht genug von allem vorhanden ist –, ist deshalb so allgegenwärtig, weil wir selbst nicht genug sind. Nur Gott allein genügt.

Wir bekommen wieder Zugang zu Gottes reichem Proviant, wenn wir den Säkularisierungsprozess umkehren und lernen, den Einen, der für uns sorgt, wieder in die Details unseres alltäglichen Lebens einzuladen. Wenn wir Gottes Heiligkeit zu uns hereinbitten und eingestehen, dass wir von ihm abhängig sind, damit er das verändert und reinigt, was wir nicht können, dann verändert er uns und unsere Situation. Er verbindet seine Fürsorge mit unserem Handeln.

Gottes Rhythmus der Fürsorge für Sie:
Sich Gott zur Verfügung stellen

Im ersten Abschnitt zum Thema Kapazität haben wir herausgefunden, dass Gott in uns, in andere Menschen und in seine Schöpfung mehr hineingelegt hat, als wir uns vorstellen konnten. Wir haben ihn gebeten, uns einen Blick dafür zu schenken sowie den Glauben, dass er die Türen öffnet und wir die Kraft bekommen, Kapazitätskiller zu überwinden.

Im zweiten Schritt wollen wir Gottes Fürsorge freisetzen, seine Gegenwart, Kraft und Heiligkeit in unser Leben hereinbitten, in unsere Stärken und Schwächen, in unsere ganze Situation.

In Johannes 15,5 sagt Jesus: „Ohne mich könnt ihr nichts tun." Wir sollen erkennen, dass Gott oft erst dann für uns sorgt, wenn wir ihn bitten, in unser Leben zu kommen und die Dinge neu zu ordnen.

Bitten Sie Gott, neu in Ihr Leben hineinzukommen und es zu seiner Ehre neu zu ordnen. Bitten Sie ihn um Kraft durch Christus und um Vergebung Ihrer Sünden.

Kapitel 4

Ein annehmbares Opfer

Auf dem Weg zu einem Gott geweihten Leben

Bobby Richardson spielte von 1955 bis 1966 Baseball bei den New York Yankees als Second Baseman. Er bekannte sich stets klar zu seinem christlichen Glauben und konnte auch mitreißende Vorträge halten, so zum Beispiel vor der *Fellowship of Christian Athletes (FCA),* einer Organisation christlicher Sportler, für die er sich intensiv engagierte. Bei einer Veranstaltung der FCA eröffnete Richardson seine Rede mit einem elf Worte umfassenden Gebet: „Lieber Gott, dein Wille. Nicht mehr, nicht weniger, nichts sonst. Amen."

So ist es, wenn man sich Gott und seinem Reich zur Verfügung stellt. Wir geben ihm alles hin – jede Faser unseres Wesens, jeden Augenblick unserer Zeit, jeden Besitz, der uns anvertraut ist. Wir machen *seinen* Willen zu *unserem* Willen.

Nicht mehr, nicht weniger, nichts sonst.

„Reinigt euch und bereitet euch darauf vor, Gott zu begegnen!", forderte Josua die Israeliten auf, bevor er sie über den Jordan ins Gelobte Land führte. „Morgen wird er vor euren Augen Wunder tun" (Josua 3,5). Und Gott tat wirklich Wunder. Das Volk betete und schon am nächsten Morgen sorgte Gott dafür, dass der Jordan sich aufstaute, obwohl der Fluss Hochwasser führte und sehr tief war. Gott ließ die Israeliten das Flussbett trockenen Fußes und sicher durchqueren, um in ihre künftige Heimat zu gelangen.

Natürlich kann man über eine solche Verheißung in Begeisterung geraten und inbrünstig für Wunder im eigenen Leben beten. Aber wenn wir uns Gott weihen, lässt sich das nicht in die einfache Gleichung fassen: ein Gebet = ein Wunder. Sich Gott zur Verfügung zu stellen, verlangt uns viel ab. Vielleicht kommt es deshalb im Hin und Her unserer rhythmischen Beziehung zu Gott auch häufig zu Missverständnissen.

Wie die Jünger Jesu sehen wir die Menschenmenge auf dem Hügel vor uns und lassen uns von der übergroßen Not so beeindrucken, dass wir den starken Helfer, der direkt neben uns steht, ganz vergessen. Selbst nachdem wir die Rettung und die damit verbundene seelische Befreiung erlebt haben oder nachdem wir gesehen haben, wie Gott im Leben von Menschen aus unserem Umfeld gewirkt hat, sind wir immer noch nicht davon überzeugt, dass er unseren Alltag unmittelbar beeinflussen kann. Vielleicht fühlen wir uns unwürdig. Vielleicht können wir aufgrund unserer begrenzten menschlichen Perspektive die Möglichkeit eines Wunders einfach nicht fassen. Wir möchten gern glauben, dass Jesus sich um uns kümmert und für uns sorgt, aber etwas hält uns davon ab. Also klammern wir uns weiter an das, was wir unter Kontrolle zu haben meinen oder was uns als Gabe anvertraut wurde. Wir sind festgefahren an dem Ort, der das Gegenteil von Heiligkeit ist – eindimensional, flach, leer und ermüdend. Es gelingt uns einfach nicht, uns von all dem zu trennen und uns bereit zu machen, damit Gottes Heiligkeit uns verändern kann.

Alles hingeben

Wenn es darum geht, etwas Gott zu weihen, dann denken die meisten Leute dabei an ihre Finanzen. Schließlich ist Geld der Dreh- und Angelpunkt in dieser Welt. Aus der geistlichen Perspektive wird Geld oft als etwas Gefährliches angesehen. Immerhin bezeichnet Jesus es ja als den „Mammon, an dem so viel Unrecht haftet" und der unsere Aufmerksamkeit und Loyalität von Gott weglenkt (Lukas 16,9).

Nachdem ich dreißig Jahre lang im Geschäftsleben aktiv war, habe ich kein Problem damit, über Geld zu reden. Immerhin verstehe ich etwas davon.

Aber ich möchte auf jeden Fall klarstellen: Uns Gott zu weihen, ist nicht in erster Linie eine Frage von ganz bestimmten Geldsummen oder Stunden, die wir ihm zur Verfügung stellen. Gottes Segen fließt uns nicht deshalb zu, weil wir uns die richtigen Verhaltensweisen zugelegt haben. Nein, bei Gott und dem Geld geht es in Wirklichkeit um Anbetung und Opfer.

Die meisten Gemeinden sehen heutzutage keinerlei Verbindung zwischen der Anbetung Gottes und einem Opfer. Anbetung ist für uns die Zeit, in der wir im Gottesdienst Lieder singen, und das Opfer geschieht, sobald der Klingelbeutel herumgereicht wird. In der Bibel ist es jedoch ganz anders. Eine der ersten Erwähnungen der Anbetung Gottes findet sich in 1. Mose 22, als Abraham aufgefordert wird, seinen geliebten Sohn Isaak auf dem Berg Moria zu opfern. Nachdem sie weit in die Wildnis vorgedrungen sind, hält Abraham an und befiehlt seinen Dienern: „Bleibt hier und passt auf den Esel auf! Der Junge und ich gehen auf den Berg, um Gott anzubeten; wir sind bald wieder zurück" (Vers 5).

Abraham hatte vor, Gott anzubeten, indem er ihm den Sohn opferte, den er mehr als alles andere liebte.

Pastor Crawford Loritts hat einmal gesagt: „Jedes Opfer ist eine Investition."[29] Wenn wir bereit sind, Gott das zu geben, was für uns am wertvollsten ist, dann lassen wir es nicht für immer los. Wir vertrauen es dem Einen an, der es schützen und mit Leben erfüllen wird.

Uns Gott zu weihen, heißt nicht, dass wir zehn Prozent unseres Einkommens an eine Kirche oder eine andere Organisation spenden. Es geht vielmehr darum, unsere Perspektive zu verändern und Gott *alles* zurückzugeben, was er uns geschenkt hat. Wenn Sie Kinder haben, kümmern Sie sich dann nur darum, wie diese ihr Taschengeld ausgeben? Oder ist es Ihnen auch wichtig, dass Ihre Kinder mit ihren Geschwistern oder Freunden gut umgehen? Wären Sie nicht viel stolzer, wenn Ihre Kinder sich für die Gemeinschaft einsetzen oder sich sozial engagieren würden? Folglich ist es nicht übertrieben anzunehmen, dass es Gott wichtig ist, wie wir mit unserem Leben umgehen: mit unserer Zeit, unserer Kreativität, unseren Beziehungen und Begabungen, unserem Engagement für Notleidende und mit der Kapazität, die in uns schlummert.

Er möchte, dass wir ihm unseren Beruf zur Verfügung stellen, unser Geld und unsere Beziehungen. Er will in unsere Entscheidungen mit einbezogen werden, wenn es darum geht, wo wir leben und womit wir unsere Zeit verbringen.

Unsere menschliche, vom Mangeldenken bestimmte Natur will das, was uns gehört, bunkern und für schlechte Zeiten vorhalten. Gott aber fordert uns auf, ihm alles zu geben und ihm zu vertrauen, dass er das tun wird, was das Beste ist. Er wird etwas Besonderes aus unseren Opfern machen, allerdings nicht immer das, was wir erwartet haben. Manchmal behält er unser Opfer ein, weil er weiß, dass es uns besser geht, wenn wir es nicht haben. Andere Opfer gibt er uns wieder zurück, mit seiner Kraft und seinen Zielen ausgestattet, mit einer Kapazität, die weit über das hinausgeht, was wir allein leisten könnten.

Wie bei dem Wunder mit dem Brot und den Fischen geht das, was Gott tun kann, über das hinaus, was wir sehen können, hinein in eine ganz andere Dimension der Erfahrung.

Natürlich beinhaltet diese radikale Veränderung enorme Risiken. Gott rief Abraham dazu auf, ihm das Wichtigste in seinem Leben zu überlassen, den Sohn, auf den er hundert Jahre gewartet hatte. Und es gab keine Garantie dafür, dass er seinen Sohn zurückerhalten würde. Abraham konnte nur auf das „Andere" vertrauen, das allein Gott beschreibt – seine Heiligkeit.

Ich kann mich gut in Abraham hineinversetzen. Auch für

meine Frau Lisa und mich sind unsere Söhne das Wichtigste, was wir haben. Vor vielen Jahren, als die Kinder noch klein waren, las ich einmal Psalm 127,4, wo es heißt: „Wie Pfeile in der Hand eines starken Mannes, so sind Kinder, die man in jungen Jahren bekommen hat." Es veränderte meine Perspektive, als ich begriff, dass unser kostbarster Schatz als Offensivwaffe gebraucht werden kann!

Als unsere Söhne älter wurden, hielten wir uns an diesen Bibelvers, indem wir ihnen erlaubten, sich in herausfordernde Situationen zu begeben, sei es der Besuch einer Schule, deren Werte und Überzeugungen wir nicht teilten, oder die Teilnahme an einem Missionseinsatz in Bosnien, während dort Krieg herrschte. Der schwerste Augenblick kam jedoch, als unser jüngster Sohn uns mitteilte, er wolle Helikopterpilot beim Militär werden. Wir beteten lange und intensiv über dieser Entscheidung und befahlen ihn und seinen zukünftigen Dienst im Irak Gott an. In all diesen Situationen durften wir erleben, wie Gott im Leben unserer Söhne handelte, ihnen Freunde schenkte und ihnen Türen des Segens und der Fürsorge öffnete.

Was kommt Ihnen in den Sinn, wenn ich Sie frage, was das Wichtigste in Ihrem Leben ist? Jeder hat einen anderen Schatz, aber ich habe noch nie jemanden getroffen, der nicht irgendetwas besaß, das er lieber selbst schützen und behüten wollte, statt es Gott zu überlassen. Und doch möchte Gott, dass wir ihm gerade diese Dinge anvertrauen.

Worauf vertraust du?

Als Christen sind wir uns dessen bewusst, dass bestimmte Dinge zum Glauben dazugehören. Die meisten von uns wissen zum Beispiel, dass die Bibel uns dazu aufruft, den zehnten Teil unseres Einkommens zu spenden. Wir wissen wahrscheinlich auch, dass wir uns ehrenamtlich bei einer Essenstafel oder in unserer Gemeinde engagieren *sollten*. Und an einem ganz bestimmten Sonntag bringen wir unsere schick gekleideten kleinen Kinder zur Kirche, weil die Tradition uns vorgibt, dass wir sie taufen oder segnen lassen *sollten*.

Wir handeln im Gehorsam, aber manchmal wollen wir uns damit nur zusätzlich absichern angesichts der Dinge, die wir nicht unter Kontrolle haben. Wir tun, was Gott von uns „erwartet", und denken: *Das wird wohl genügen. In diesen unsicheren Zeiten kann er kaum mehr von mir erwarten.* Dann kehren wir in unseren Alltag zurück mit all den Belastungen und unbeantworteten Fragen in Bezug auf die Zukunft. Wir setzen unser Vertrauen auf das, was wir sehen können – unser Bankkonto, unsere Arbeitsethik, die Regierung, unsere Familie. Die Not anderer Menschen verdrängen wir und sind der Meinung, dass staatliche Stellen, Wohltätigkeitsorganisationen und andere Leute sich um diese Probleme kümmern sollten. Wir haben selber schon zu viel auf dem Zettel, denn wir möchten ja alles in unserer Umgebung unter Kontrolle haben und machen uns viele Sorgen über die Zukunft.

Wie die Jünger zweifeln wir an dem, was wir nicht sehen können. Wir fürchten das, was wir nicht unter Kontrolle haben.

Und genau so gefällt es dem Feind. In dem geistlichen Kampf, der um uns herum tobt, ist die Furcht eine von Satans stärksten Waffen. Er benutzt ängstliche Gedanken, um den Unglauben zu fördern. So schafft er eine Kluft zwischen unseren menschlichen Interpretationen und Gottes heiliger Fürsorge. Er hält uns davon ab, Opfer zu bringen, und flüstert uns ins Ohr, Gott kümmere sich nicht wirklich um unser alltägliches Leben. Er verhindert, dass wir die Fülle des Segens Gottes empfangen, indem er unsere Aufmerksamkeit auf andere Dinge lenkt – auf Götzen.

Einer meiner Lieblingsbibelverse stammt aus Jona 2,9-10: „Wer sein Heil bei anderen Göttern sucht, die ja doch nicht helfen können, verspielt die Gnade, die er bei dir finden kann.

Ich aber will dir Danklieder singen und dir meine Opfer darbringen. Was ich dir versprochen habe, das will ich erfüllen."

Diese harte Lektion musste der Prophet Jona lernen, auf den meine Mutter mich viele Jahre zuvor angesprochen hatte. Gott hatte ihn berufen, vor den Bewohnern der assyrischen Stadt Ninive zu predigen, die langjährige Feinde der Israeliten waren. Jona wollte nicht hingehen. Stattdessen lief er weg und bestieg einfach irgendein Schiff – Hauptsache es hatte ein anderes Ziel als das, wohin Gott ihn schicken wollte. Doch Gott ließ einen Sturm aufkommen, der das Schiff hin und her warf und das Leben aller an Bord in Gefahr brachte. Jona wusste, dass das seine Strafe war, und so forderte er die Matrosen auf, ihn über Bord zu werfen, damit sie überleben konnten. Das taten sie – und Jona wurde von einem „riesigen Fisch" verschluckt. Das rettete ihm zwar das Leben, brachte ihn aber auch in eine sehr unbequeme Lage. Nach drei Tagen im Bauch des Fisches kam Jona zur Vernunft und rief den Herrn um Hilfe.

Wenn wir in unseren Herzen anderen Dingen den Vorrang vor Gott geben – selbst unserer eigenen Sicherheit, so wie bei Jona – dann kehren wir Gottes Liebe den Rücken und können seine Fürsorge nicht erfahren. Wir verzichten auf Gottes wunderbare Gnade, um uns an falsche Götter zu klammern. Doch wenn wir diese Götzen in unserem Leben aufgeben, dann lassen wir Gottes Barmherzigkeit und Gnade wieder Raum.

Götzen sind die Dinge, die wir für zu wichtig halten, um sie Gott zu überlassen. Wir würden es zwar nie so formulieren, aber sie sind uns letztlich wichtiger als Gott selbst.

Der Feind kennt unsere Schwachstellen genau. Er weiß, dass wir unsere Kinder beschützen und für unsere Familien sorgen möchten, dass wir niemandem zur Last fallen wollen. Er redet uns ein, dass unser eigener Komfort und unsere Sicherheit unsere höchsten Prioritäten sein sollten, vor allem in schwierigen und unsicheren Zeiten. Der Satan nutzt unsere Ängste aus und überzeugt uns davon, dass wir uns auf uns selbst verlassen müssen, um unsere Situation zu sichern.

Wie Krakenarme umschlingt der Unglaube unseren Glauben und schwächt ihn und bald schon vertrauen wir unserem Bankguthaben mehr als dem Einen, der es uns gegeben hat. Ich möchte betonen: Geld an sich ist nichts Schlechtes. Es ist ein notwendiges und nützliches Gut, mit dem reibungslose Abläufe in unserem System gewährleistet werden. Auch Reichtum an sich wird in der Bibel nicht verurteilt. Von mehreren Personen im Alten und Neuen Testament heißt es ohne jeden kritischen Unterton, sie seien wohlhabend gewesen: Abraham, Jakob, Hiob, König David, Josef von Arimatäa, Philemon, Aquila und Priszilla.

Wenn wir aus unserem Geld jedoch einen Götzen machen und uns an ihn statt an Gott wenden, dann gehen wir dem Satan in die Falle und entfernen uns vom besten Plan, den Gott für uns hat. Gott – nicht das Geld – sorgt für uns. Ob unser Geld für uns schon zum Götzen geworden ist, lässt sich gut daran erkennen, inwiefern wir bereit sind, es für Gottes Reich aufs Spiel zu setzen.

Wir können entweder auf Gott oder auf unser Geld vertrauen, beides geht nicht. Manchmal haben wir das Gefühl, alles gut im Griff zu haben und unsere Ressourcen weise zu verwalten. Doch wenn wir etwas aus der Wirtschaftslage des letzten Jahrzehnts lernen konnten, dann ist es die Gewissheit, dass wir uns auf dieser Erde auf nichts verlassen können. In Sprüche 23,5 heißt es, Reichtum „bekommt Flügel und fliegt davon wie ein Adler am Himmel". In Jeremia 48 und 49 werden mehrere Nationen vor dem Niedergang gewarnt, weil sie auf ihren Reichtum vertrauten und arrogant damit prahlten. Unsere Häuser – oder zumindest ihr Wert – können verfallen. Die Ersparnisse, die wir zurückgelegt haben und die wir auch in Zukunft sicher wähnen, können uns genommen werden. Menschen können ihre Zusage, uns zu versorgen, zurücknehmen.

Der Götze Geld ist eine trügerische Quelle der Sicherheit und der Versorgung. Eine Zeit lang scheint er unsere Bedürfnisse zu stillen, doch egal ob wir eine Million besitzen oder tief verschuldet sind – am Ende wird er uns versklaven und in die Verzweiflung treiben.

Nur Gott lässt uns niemals im Stich. Nur ihm können wir vertrauen, dass er das, was ihm gehört, schützt und gebraucht.

Alles, was wir haben, gehört ihm.

Falsche Propheten

Geld ist nicht der einzige Götze, der uns davon abhält, all unsere Gaben und Ressourcen Gott zur Verfügung zu stellen.

Jede Person, die unsere Aufmerksamkeit von Gott weglenkt, und jede Sache, der wir uns selbst oder unsere Ressourcen anvertrauen (anstelle von Gott), ist ein Götze. Manchmal sind diese Götzen klar als etwas Unwürdiges oder Schlechtes erkennbar. Doch manchmal tarnen sie sich auch als etwas Gutes, das an die Stelle von Gottes Bestem tritt. Sie lenken unseren Blick weg vom Ewigen und verführen uns dazu, auf unseren Körper, unseren Kleiderschrank oder unsere Rentenversicherung zu vertrauen. Sie halten uns Schlagzeilen vor Augen und flüstern uns düstere Warnungen ins Ohr.

Vielleicht ist kein menschlicher Götze so heimtückisch und gefährlich für das Reich Gottes wie die falschen Propheten, die vorgeben, Gottes Sprachrohr zu sein, während sie doch die Botschaft des himmlischen Vaters verfälschen. So mancher selbst ernannte „Evangelist" oder „Pastor" hier in den USA fordert seine Zuhörer dazu auf, ihr Geld einer bestimmten Organisation anzuvertrauen und nicht Gott. Schamlos nehmen sie für sich selbst das Recht in Anspruch, Privatflugzeuge zu fliegen und in Luxushäusern zu wohnen; denn das ist angeblich die Belohnung für ihre „Treue" gegenüber Gott. Ihren Anhängern versprechen sie, dass auch sie zu diesem verschwenderischen Leben berechtigt seien, doch nur wenn sie bereit wären, einen entsprechenden Scheck in den Briefkasten zu stecken.

Diese falschen Lehrer versichern den ärmsten und verzweifeltsten Menschen, es sei Gottes Aufgabe, sie zufriedenzustellen und ihre Bedürfnisse zu erfüllen, und es sei ihre Pflicht, jene Pastoren zu unterstützen, die ein beneidenswertes Leben im Wohlstand führen.

Ich habe es schon erlebt, dass Gemeinden regelrechte Verkaufstaktiken anwandten, um denen das Geld aus der Tasche zu ziehen, die sich verzweifelt nach einem Wunder sehnen und die sich diese häretischen Versprechungen am wenigsten leisten können. Diese Gemeinden nehmen das Gleichnis Jesu vom Sämann und verdrehen es, indem sie behaupten, *sie selbst* seien der fruchtbare Acker. Sie lehnen die offenen Verheißungen und die Risiken eines wahren Gott geweihten Lebens ab und fordern, dass andere sich nur ihnen und ihren leeren Versprechungen zur Verfügung stellen.

Gibt es ein klareres Beispiel für einen menschlichen Götzen? Und kann man der wahren Botschaft von Gottes Fürsorge noch mehr Schaden zufügen?

Ökonomen verwenden den Begriff *Moral Hazard,* um eine Situation zu beschreiben, in der die eine Partei sich auf ein riskantes Wagnis einlässt in dem Wissen, dass ihr im Fall des Scheiterns keine Konsequenzen drohen. Sie geht kein Risiko ein, weil die andere Partei die Kosten tragen muss. Die säkulare Welt hat in den letzten Jahren viele solcher Beispiele gesehen. In der Hypothekenkrise haben Banken und Finanzunternehmen unsere Wirtschaft in den Abgrund gestürzt. Kreditgeber, Gutachter, Immobilienmakler, Kreditberaterfirmen und Wallstreet-Unternehmen – sie alle haben sich an dem beteiligt, was inzwischen als ein riesiger Betrug betrachtet wird. Doch praktisch gesehen gab es für diese Firmen, die sich für „zu groß, um zu scheitern" halten, nur wenige langfristige Konsequenzen. Das amerikanische Zentralbanksystem gestattete es ihnen, Geld zu null Prozent Zinsen zu leihen und so ihre Bilanz wieder auszugleichen. Währenddessen mussten Familien Privatinsolvenz anmelden, ihre Hypotheken wurden gekündigt und sie verloren ihre Kreditwürdigkeit. Das Scheitern, das mit dem Risiko verbunden war, mussten sie also ganz allein tragen.

Auch viele Fernsehevangelisten setzen auf die Moral-Hazard-Karte. Sie verheißen Wohlstand und ihre großartigen Versprechungen lassen die eigene Verantwortung und das Risiko, das wir in einer solchen Beziehung eingehen, außer Acht. Sie verlangen von ihren Anhängern, dass sie große Opfer bringen. Doch wenn sie nur ihre eigenen Wünsche befriedigen wollen und nicht den Willen des Herrn erfüllen, wird es keinen Segen geben. Wenn die teuer erworbenen Packungen mit Salböl und die Gebetstücher keine Wirkung zeigen und deutlich wird, dass Gott keinen materiellen Segen auf Bestellung erteilt, dann muss nur eine Partei die Kosten dafür tragen: diejenige, die dem falschen Propheten vertraut hat.

Gottes wahre Fürsorge bevorzugt nicht den einen Gläubigen gegenüber dem anderen. Der Dreh- und Angelpunkt in Gottes Plan ist seine Bereitschaft, selbst unsere Sünde und Zerbrochenheit auf sich zu nehmen. Um es im Wallstreet-Jargon auszudrücken: Er ist die „Gegenpartei", die unsere Lasten in Ewigkeit auf ihre Schultern nimmt.

Ein Opfer, das Gott gefällt

Gott schenkt uns seine Fürsorge, seinen Segen und die Möglichkeit, in seiner unbegrenzten Kapazität zu leben. Was erwartet er im Gegenzug von uns?

Das Höchste, was wir Gott zur Verfügung stellen können, sind wir selbst, ist unser Leben. Paulus schreibt davon in Römer 12,1: „Ich habe euch vor Augen geführt, Geschwister, wie groß Gottes Erbarmen ist. Die einzige angemessene Antwort darauf ist die, dass ihr euch mit eurem ganzen Leben Gott zur Verfügung stellt und euch ihm als ein lebendiges und heiliges Opfer darbringt, an dem er Freude hat. Das ist der wahre Gottesdienst, und dazu fordere ich euch auf."

Etwas Gott zur Verfügung zu stellen, heißt, es zu opfern. Das Alte Testament ist voller Gesetze, die vorschreiben, was geopfert werden soll und wie. Dabei geht es um alles von Kochtöpfen bis hin zu Tieren. Und beim Opfern konnte man eine Menge falsch machen.

Die Bibel erzählt mehrere Geschichten von annehmbaren und nicht annehmbaren Opfern und das fängt schon bei den ersten Menschen an, die auf der Erde geboren wurden, bei Kain und Abel.

> Eines Tages nahm Kain etwas von dem Ertrag seines Feldes und brachte es dem HERRN als Opfer dar. Auch Abel wählte eine Gabe für Gott aus: Er schlachtete einige von den ersten Lämmern seiner Herde und opferte die besten Fleischstücke mitsamt dem Fett daran. Der HERR blickte freundlich auf Abel und nahm sein Opfer an, Kain und seinem Opfer hingegen schenkte er keine Beachtung. Darüber wurde Kain sehr zornig und starrte mit finsterer Miene vor sich hin (1. Mose 4,3-5).

Theologen sind sich nicht einig darüber, warum Kains Opfer von Gott nicht angenommen wurde. Manche meinen, es sei deswegen, weil Abel ein blutiges Opfer darbrachte und Kain nicht. Andere weisen darauf hin, dass Abel die erstgeborenen Lämmer opferte, Kain aber wahrscheinlich nicht die ersten Früchte. Wieder andere sind der Auffassung, dass das Problem in Kains innerer Einstellung lag, nicht im Opfer selbst. Ich habe nicht den Anspruch, diese Geschichte über das hinaus zu deuten, was Gott uns gegeben hat, aber ich ziehe einen Schluss daraus: Wir sollten uns darum bemühen, Gott unser Erstes und Bestes zu geben mit einer Herzenseinstellung, die ihn ehrt.

Schauen wir uns noch 2. Mose 28 an. Hier ist ein ganzes Kapitel den Vorschriften gewidmet, die befolgt werden müssen, um Aaron, Moses Bruder, zum ersten Hohepriester des auserwählten Volkes zu weihen. Er sollte eine ganz besondere

Kleidung tragen, wenn er vor den Herrn trat. Das Kapitel beginnt folgendermaßen:

> Lass für deinen Bruder Aaron Kleider anfertigen, würdevoll und prächtig, seinem heiligen Priesteramt angemessen! Gib diesen Auftrag an alle aus deinem Volk weiter, die ich dazu begabt und mit Weisheit erfüllt habe. Sie sollen die Gewänder anfertigen, in denen Aaron zum Priester geweiht wird und mir dient (2. Mose, 2-3).

Danach beschreibt Gott alles vom Turban auf Aarons Kopf bis zur Unterwäsche, die er und seine Nachkommen unter den Obergewändern tragen sollen. „Dann werden sie keine Schuld auf sich laden und müssen nicht sterben" (Vers 43). Die Priester Gottes konnten nicht tragen, was sie wollten. Sie konnten nicht einfach in T-Shirts und kurzen Hosen ins Allerheiligste hineinschlendern. Durch ihren Gehorsam und die sorgfältige Vorbereitung auf die Begegnung mit ihrem Schöpfer zeigten sie, dass sie nicht sich selbst gehörten; sie gehörten Gott und waren zum Dienst für ihn auserwählt. Dass sie Gott geweiht waren, wurde dadurch deutlich, dass sie besondere Rituale ausführten. Mit der Priesterweihe wurden ihnen auch angemessene Grenzen vorgegeben. Man konnte auf die richtige oder auf die falsche Art Priester sein und Gott legte die Regeln fest.

Der Gedanke, dass es Grenzen und Erwartungen gibt, fällt vielen Leuten schwer. Wir leben in einer Gesellschaft, die ungern etwas als „inakzeptabel" bezeichnet. Wir belohnen nicht nur den Erfolg, sondern auch die Bemühungen und verleihen schon für die Teilnahme Medaillen. Wie kann dann jemand, und sei es Gott selbst, sagen, mein Bestes sei nicht gut genug und es gebe Maßstäbe, nach denen ich leben soll!

Die unbequeme Wahrheit ist, dass gute Absichten nicht immer ausreichen.

Das musste ich vor ein paar Jahren schmerzlich erfahren, als ein Freund mich zu einer Partie Golf auf Long Island einlud, in einen berühmten Klub namens Shinnecock Hills. Mein Freund gehörte diesem sehr exklusiven, sehr teuren Klub nicht selbst an, aber er kannte ein Mitglied, das uns angeboten hatte, uns diesen Tag zu spendieren. Wir sollten einfach in seinem Namen eine Startzeit buchen, auch wenn er selbst nicht anwesend war.

Es war eine einmalige Gelegenheit. Mein Freund und ich trafen früh ein und waren ziemlich aufgeregt. Wir schossen ein paar Bälle auf dem Übungsgelände, kauften im klubeigenen Shop ein und genossen ein köstliches Mittagessen im Restaurant. Doch als wir dann zur vereinbarten Startzeit antraten und mein Freund selbstbewusst den Namen unseres Sponsors nannte, sagte man uns, dass es kein Klubmitglied mit diesem Namen gäbe. Plötzlich waren wir keine willkommenen Gäste mehr, sondern Eindringlinge, die man höflich bat, das Gelände zu verlassen.

Es stellte sich heraus, dass mein Freund zwei Klubs verwechselt hatte und wir einen Termin in einem anderen Klub hatten, der sich ein Stück entfernt in derselben Straße befand. Wie peinlich! Wir hatten die richtigen Absichten und auch die entsprechenden Golfschläger, und trotzdem durften wir in Shinnecock nicht spielen. Wir waren nicht als Mitglieder „auserwählt".

Wichtig ist, dass unsere Opfer heilig sind, und das werden sie erst, nachdem sie Gott geweiht wurden. Gott sieht die Beweggründe in unserem Herzen genauso wie unser Handeln. Er hat uns einen Weg geschenkt, wie wir absolut gerecht werden können und unsere Sünden vergeben werden, nämlich durch das Blut, das Jesus vergossen hat. Wenn wir uns auf sein Verdienst gründen und nicht auf unser eigenes, dann wird unser Wille zu seinem Willen und unser Bestes ist mehr als genug.

In 1. Timotheus 4,4-5 steht: „Alles, was Gott geschaffen hat, ist gut. Wie sollte es da verkehrt sein, etwas zu essen, was wir mit einem Dankgebet von ihm entgegennehmen? Die Speisen sind ja durch Gottes Wort für rein erklärt und werden durch das Gebet geheiligt."

Es spielt keine Rolle, ob wir Gott ein Bankett von Speisen zur Verfügung stellen können oder nur ein paar kleine Fische. Es ist die Einstellung, mit der wir unser Opfer darbringen, die zählt. Jedes Opfer ist eine Investition und ein akzeptables Opfer ist wie eine gute Saat, die ausgesät wird und Frucht bringt. Je mehr wir Gott geben, desto größer wird die Ernte sein. Diese Ernte dient sowohl unserer Versorgung als auch der anderer Menschen und des Reiches Gottes im Allgemeinen.

Um Gott ein angenehmes Opfer zu bringen, ihm etwas auf annehmbare Weise zur Verfügung zu stellen, müssen wir ihn zuerst als den wahren Mittelpunkt unseres Lebens anerkennen. Unsere Liebe zu ihm bestimmt, was wir bereit sind, ihm anbetend zu Füßen zu legen.

Eine Saat des Glaubens

Jahrelang dachte ich, Heiligung sei etwas, das Gott an mir tut, ein einseitiges Erlebnis, das mein ganzes Leben lang geschehen würde.

Aber so funktionieren Beziehungen nicht. Natürlich kann Gott tun, was immer er will, aber er hat nie versucht, den Menschen, die er in Liebe geschaffen hat, eine Beziehung aufzudrängen. Er tritt nicht unsere Tür ein und bahnt sich einen Weg in unser Leben oder in unsere Entscheidungen. Stattdessen wartet er beständig und geduldig darauf, dass wir den nächsten Schritt unternehmen, um die Beziehung zu ihm zu vertiefen. Er geht uns nach und wirbt um uns, damit wir uns ihm freiwillig überlassen. Er harrt aus, die Hände voller Segen, bis wir ihn in jeden Bereich unseres Lebens einladen.

Als meine Söhne noch jünger waren, schauten wir uns manchmal gemeinsam Ringkampf-Shows im Fernsehen an. Manchmal hatten die Athleten einen Partner. Wenn sie selbst in Schwierigkeiten gerieten, auf den Boden gedrückt oder verletzt wurden, konnten sie die Hand ihres Partners berühren, der außerhalb des Rings stand. Dann sprang dieser herein und nahm es mit dem Gegner auf.

So ähnlich ist es auch, wenn wir uns im Gebet Gott weihen. Wir laden den heiligen Gott in unser Leben ein, damit er den Kampf übernimmt mit den Möglichkeiten, die nur er zu bieten hat. Durch dieses Gebet machen wir deutlich, dass wir es nötig haben, „getrennt und gereinigt" zu werden.

„Götzen kann man nicht einfach entfernen", schreibt Timothy Keller. „Sie müssen durch etwas ersetzt werden. Wer versucht, sie aus seinem Herzen herauszureißen, wird erleben, dass sie schon bald wieder nachwachsen. Aber sie lassen sich verdrängen. Wodurch? Natürlich von Gott selbst, allerdings nicht im Sinne eines allgemeinen Gottesglaubens. Die meisten Menschen glauben nämlich durchaus, dass es einen Gott gibt, und doch betreiben sie (unbewusst) Götzendienst. Was uns hilft, ist eine echte Begegnung mit Gott."[30]

Uns Gott zu weihen, bedeutet, die Götzen zu benennen, die uns davon abhalten, alles Gott zur Verfügung zu stellen – egal ob es sich dabei um unseren Job, die Kinder, die Ehe, unser Bankkonto oder die falschen Propheten handelt. Es bedeutet, diese Götzen loszulassen und daran zu glauben, dass Gott einspringen wird, um sie zu ersetzen und uns die Erfüllung zu schenken, die sie uns nie geben könnten. Gleichzeitig bedeutet es auch, an dem kleinen Saatkorn des Glaubens festzuhalten, das, wenn es ausgesät wird, zu dem heranwächst, was Gott haben möchte.

Besondere Augenblicke im Leben – die Taufe, Jubiläen, die Hochzeit, ja sogar eine Beerdigung – können ein Anlass für uns sein, über die Gaben und Chancen nachzudenken, die vor uns liegen, und sie unserem Schöpfer zurückzugeben, der sie uns zuerst geschenkt hat.

Am Abend unserer Hochzeit knieten Lisa und ich nieder und befahlen alle Kinder, die Gott uns vielleicht schenken würde, ihm an, noch bevor sie überhaupt gezeugt wurden. Ich wollte, dass Gott meine Kinder für sein Reich und für seine Ziele einsetzen würde, und das hat er auch getan. Im Lauf der Jahre war ich mehr als einmal versucht, Gottes Weg mit ihnen infrage zu stellen oder ihm zu sagen: „Herr, als Vater hätte ich mein Kind dem nie ausgesetzt." Aber meine Kinder gehören nicht mir. Und darum lege ich sie immer wieder im Gebet auf Gottes Altar und vertraue darauf, dass er tut, was er für das Beste hält.

Doch wir können uns Gott nicht nur in den großen Momenten unseres Lebens weihen. Im Alten Testament gaben die Israeliten Gott auch Tiere, Utensilien und viele Dinge aus ihrem alltäglichen Leben.

Wie ich bereits erzählt habe, befehle ich Gott auch regelmäßig mein Geschäfts- und Berufsleben an und ebenso die Profite und Boni, die sich aus meinen Investitionen ergeben. Wenn ich zweihundert Dollar in ein Projekt stecke und sie zehnfach zurückerhalte, dann gehört dieses Geld nicht mir. Es gehört Gott, und darum liegt es bei ihm, mir zu zeigen, wie ich es ausgeben soll. Manchmal möchte er, dass ich es jemandem in unserer Umgebung gebe, der in Not ist. Manchmal soll ich eine bestimmte Organisation damit unterstützen. Und manchmal will er meine Familie damit segnen. Doch egal wie seine Antwort ausfällt, ich bin immer nur der Ausführende. Was mir zufällt, gehört immer dem Herrn.

Wenn Sie fragen: „Herr, was ist dein Ziel und dein Plan? Wie kann ich dies zu deiner Ehre einsetzen?", dann wird er Sie führen. Gott kann alles gebrauchen, was wir ihm geben, auch das, was uns als banale Begegnung oder Aufgabe erscheint.

So zu beten, ist nicht einfach und wir bekommen nicht immer die Antwort, die wir uns wünschen – geschweige denn die Reichtümer, die uns falsche Propheten versprechen. Römer 8,28 erinnert uns daran: „Alles trägt zum Besten derer bei, die Gott lieben; sie sind ja in Übereinstimmung mit seinem Plan berufen." Allerdings heißt es dort nicht, dass wir dadurch glücklich, reich oder gesund werden. Diese Art von Gebet ist schwierig, weil es uns die Kontrolle zum größten Teil aus der Hand nimmt und Gott bittet, seine Ziele mit unserem Besitz, unseren Lebensgewohnheiten und sogar mit unseren Schulden zu verwirklichen.

Etwas auszuwählen und es zu opfern, das hängt eng miteinander zusammen. Gott wollte, dass die Liebesbeziehung zwischen ihm und uns dadurch untermauert wird, dass wir ihm unser Erstes und Bestes geben. Dazu gehören unsere Zeit, unser Geld, unsere Kinder und Besitztümer. Er wusste, dass dies unsere Liebe auf die Probe stellen würde, doch er hat damit nur Gutes für uns im Sinn. Denn alles, was wir ihm nicht zur Verfügung stellen, wird für uns zum Götzen und kann uns am Ende zerstören.

Einer meiner früheren Pastoren drückte es einmal so aus: „Im Willen Gottes zu leben ist der zweitgefährlichste Ort, an dem wir uns aufhalten können." Also stellen wir uns Gott für seine Ziele zur Verfügung und laden seine Heiligkeit und Wahrheit in unser Leben ein, damit sie uns bei jedem Schritt leiten können. Und dann werden wir sehen, was Gott tut und wie er für uns sorgt.

Gottes Rhythmus der Fürsorge für Sie: Opfer

Gott möchte nicht nur Ihr Geld oder Ihre Zeit; er möchte alles von Ihnen! Doch unser Herz neigt dazu, aus den Dingen und den Menschen in unserem Leben Götzen zu machen, die Gott den Platz in unserem Herzen streitig machen.

In Jona 2,9 heißt es: „Wer sein Heil bei anderen Göttern sucht, die ja doch nicht helfen können, verspielt die Gnade, die er bei dir finden kann." Ist es für uns ein beängstigender Gedanke, Gott die Menschen und die Dinge zu weihen, die uns am meisten bedeuten? Auf jeden Fall! Doch denken wir an die Gnade, die wir bei Gott finden können. Es hilft, sich klarzumachen, dass jedes Opfer eine Investition ist, für die Gott uns etwas zurückgeben wird.

Denken Sie über die Menschen in Ihrem Leben nach und über Ihre Lebenssituation. Entlarven Sie Ihre Götzen und bitten Sie Gott, diese zu ersetzen. Fragen Sie ihn: „Herr, was ist dein Ziel und dein Plan? Wie kann dies zu deiner Ehre eingesetzt werden?"

Teil 3

Herausforderungen bestehen

Jesus nahm die fünf Brote und die zwei Fische, blickte zum Himmel auf und dankte Gott dafür. Dann *zerteilte er* die Brote und die Fische und ließ sie durch die Jünger an die Menge verteilen.

Lukas 9,16;
Hervorhebung durch den Autor

Kapitel 5

Die Wüste
und der Marktplatz

Wenn Gott uns vor
Herausforderungen stellt

Im Juni 2014 stand ich auf einem Hügel im Süden Israels und blickte über die judäische Wüste. Es war ein atemberaubender Ausblick: Kahle, einsame Hügel ohne jede Vegetation erstreckten sich, so weit das Auge reichte. Es war schön, aber nicht so, wie ich es erwartet hatte. War dies wirklich das „gute, große Land, in dem es selbst Milch und Honig im Überfluss gibt", das Gott Mose verheißen hatte (2. Mose 3,8)? Ich hatte Wälder erwartet und fand stattdessen eine kahle Leere vor.

Charlie Dyer, unser Reiseführer, bemerkte meine Verwunderung und machte mich auf eine andere Beschreibung des Gelobten Landes aufmerksam: „In Ägypten musstet ihr jedes Feld nach der Aussaat mühsam mit dem Schöpfrad bewässern wie einen Gemüsegarten. Das Land aber, in das ihr nun geht, wird vom Regen bewässert, der vom Himmel auf die Berge und Täler fällt. Der HERR sorgt das ganze Jahr über für dieses Land, sein Blick ist stets darauf gerichtet" (5. Mose 11,10-12).

Charlie erklärte mir, das judäische Land sei praktisch eine Trockenzone, wo es keine natürlichen Gewässer gibt. Alles Lebende dort war auf ein paar wenige unterirdische Quellen angewiesen und, wie Mose es beschrieben hat, auf den Regen, der vom Himmel fällt. Ich stellte mir vor, wie die Israeliten aus dem fruchtbaren Tal kamen, das an den Ufern des Nils lag und an manchen Stellen rund einen halben Kilometer breit war. Der reiche Erdboden, der vom Nil bewässert wurde, erleichterte den Anbau von Getreide. Die Israeliten hatten sich nicht einmal bücken müssen, um ihre Felder mit Wasser zu versorgen, sie brauchten nur das Schöpfrad mit dem Fuß anzutreiben, wie Mose es andeutete. Und jetzt befanden sie sich mitten in einer Wüste. Ihre Schafe und Ziegen konnten zwar auf großen, offenen Flächen weiden und Milch geben und auf den Wiesen gab es Blüten, mit denen man Honig gewinnen konnte, aber es war kein einfaches Leben. Das Volk konnte hier zwar existieren, war jedoch immer auf die Fürsorge Gottes angewiesen, um zu überleben.

Sie waren in der Wüste und das gefiel ihnen nicht immer. Obwohl sie von der gefährlichen, harten Sklavenarbeit befreit waren, beschwerten sich die Israeliten immer wieder und wünschten sich, sie wären zurück in Ägypten.

Wir Menschen sind nicht gern in der Wüste, egal ob es sich dabei im wörtlichen Sinn um das Flachland in Israel handelt oder bildlich gesprochen um die Wüstenzeiten in unserem Leben, die wir alle von Zeit zu Zeit erfahren müssen. Dr. Bill Lawrence beschreibt sie in seinem Buch *Wilderness Wanderings* als „jene dürren, kahlen Lebensabschnitte – ob geistlich, körperlich oder seelisch –, in die Gott uns hineinführt, um uns auf die Probe zu stellen, uns zu verändern, zu läutern, zu prüfen und uns auf sein wunderbares Handeln in unserem Leben vorzubereiten".[31]

Die Wüste ist der Ort, an dem das Leben schwierig wird, Beziehungen in Krisen geraten und Probleme unseren Glauben und unser Durchhaltevermögen auf die Probe stellen. Es ist ein Ort, an dem die Furcht wachsen kann. Aber sie ist auch ein Ort, wo Gott mit seiner ganzen Fülle wohnt. Wo er das, was zerbrochen, krisengeschüttelt oder schwierig ist, nimmt und uns zeigt, wie es zu seiner Ehre und oftmals auch zu unserer Befriedigung und Versorgung neu geordnet werden kann. Aber die Wüste ist kein leichter Ort. In den ersten beiden Teilen des Buches haben wir staunend die Kapazität betrachtet, die Gott in uns, in anderen Menschen und in seiner Schöpfung angelegt hat. Wir haben gelernt, was es bedeutet, ihn in unser Leben einzuladen, damit er es neu ordnen und uns seine Fürsorge schenken kann. Doch diese Veränderungen können auch belastend sein und uns manchmal sogar das Herz brechen.

Zu lernen, wie wir mit den Herausforderungen unserer eigenen Wüstenerfahrungen umgehen sollen, ist der dritte Aspekt unserer rhythmischen Beziehung mit Gott. Die Wüste ist eine andere Art, wie Gott uns seine Fürsorge zeigt. Dort findet auch der intensivste Kampf um unsere Seelen statt. Hier stehen wir vor unserer größten Herausforderung: zu erkennen, dass Gott gut ist und dass sein Plan nicht nur uns gilt, sondern auch vielen anderen Menschen zugutekommt. Unsere künftige Versorgung wird durch diese neuen Menschen geschehen und durch neue Situationen, die er in unser Leben hineinbringt.

Als Jesus die Brote und die Fische zerteilte, lehrte er uns etwas über die Wüste. Bevor das Brot sich vermehren und zum Segen werden konnte für alle, die sich in der Nähe befanden, musste es erst in Stücke gerissen werden.

Das ist für uns eine harte Lektion. Wir möchten gern einen riesigen Fluss, um unser Getreide zu bewässern. Wir möchten, dass alles ganz einfach per Knopfdruck gelingt. Dass die Dinge glattlaufen.

Christen neigen dazu, über die Wüstenerfahrungen in einem flüsternden, fast entschuldigenden Tonfall zu reden. „Nun ja, Gott hat dich anscheinend in die Wüste geführt", sagen wohlmeinende Zeitgenossen, wenn jemand Probleme mit den Kindern, im Beruf oder in der Familie hat. „Halte durch. Es geht vorüber." Das klingt dann so, als ob schwere Zeiten eine Art geistlicher Zahnarztbesuch seien – etwas, das man möglichst schnell hinter sich bringt.

Viele Jahre habe ich auch so gedacht. Probleme und Verluste in meinem Leben sollten mich bestenfalls Geduld lehren und im schlimmsten Fall waren sie eine Prüfung oder eine Strafe.

Würde ich meinem Gott und meiner Glaubensüberzeugung treu bleiben? War dies geschehen, weil ich mich zu weit von Gott entfernt hatte?

Wie ich bereits erzählt habe, starb mein Vater, als ich neun Jahre alt war. Ich erfuhr es, als ich an einem kalten Oktobermorgen durch laute Schreie aufwachte. Ängstlich und immer noch ganz verschlafen rannte ich den Flur entlang zum Schlafzimmer meiner Eltern. Dort standen meine Mutter und meine zwei älteren Schwestern und weinten verzweifelt.

Für mich kam der Tod meines Vaters plötzlich. Erst später erfuhr ich, dass er schon mindestens ein Jahr lang Leukämie gehabt hatte, aber er und meine Mutter hatten sich entschlossen, es meinen Schwestern und mir nicht zu erzählen. Also gab es keinen Abschied und keine guten Worte mit auf den Weg. Keinen Rat und keinen Segen. Er war einfach nur weg – von einem Tag auf den anderen.

Meine Mutter war damals eine Anhängerin der Christlichen Wissenschaft, einem metaphysischen Glaubenssystem, das in meinen Augen weder christlich noch wissenschaftlich ist. Diese „Kirche" behauptet, Krankheit sei eine Illusion, die durch Gebet und richtiges Denken überwunden werden kann. Meine Mutter glaubte, mein Vater würde gesund werden, wenn sie beide ihre Gedanken über Krankheit kontrollieren würden. Seinen Tod betrachtete sie als ein Versagen ihres Glaubens. Der Pastor, der später an jenem Tag zu uns nach Hause kam, unterstrich diesen falschen Glauben noch und spendete kein Wort des Trostes. „Heute", so sagte er zu mir, „wurde der Wille Gottes durch den Tod deines Vaters zunichtegemacht."

Welches Bild ich auch immer von Gott gehabt hatte – in diesem Augenblick brach es in sich zusammen. Als Kind hatte ich immer gehört, Gott sei Liebe und er sei allmächtig. Wenn aber sein Wille durch den Tod „zunichtegemacht" werden konnte, was nützte das dann? Auf einen solchen Gott konnte ich mich nicht verlassen.

Das war meine Überzeugung, bis ich schließlich in jener

Gemeinde in Melbourne meinen Erlöser kennenlernte, der sowohl liebevoll als auch allmächtig ist. Voller Begeisterung darüber, dass Gott nun mein ewiger Vater war, glaubte ich, gegen Wüstenerfahrungen immun zu sein, denn jetzt war ich ja „richtig" vor Gott. Er liebte mich und darum würde er mich vor allem echten Leid schützen.

Diese falsche Überzeugung blieb bestehen bis kurz vor meiner Abreise aus Australien. Ein Mann aus der Gemeinde kam auf mich zu und sagte, er wolle mir einen Vers aus der Bibel mitgeben. Er schrieb die Bibelstelle auf einen kleinen Zettel: Philipper 3,10.

„Der Apostel Paulus", so sagte er zu mir, „hat geschrieben: Ja, ich möchte Christus immer besser kennenlernen; ich möchte die Kraft, mit der Gott ihn von den Toten auferweckt hat, an mir selbst erfahren und möchte an seinem Leiden teilhaben, sodass ich ihm bis in sein Sterben hinein ähnlich werde."

Dieser Vers gefiel mir nicht besonders, vor allem nicht der zweite Teil mit der Teilhabe an den Leiden und am Tod Christi. Ich fragte den Mann, was das bedeutete.

„Jack", antwortete er, „jetzt wo du Christ bist, wird Gott das Leid in deinem Leben gebrauchen, um dich zu verändern und dich ihm ähnlicher zu machen."

Dann vergingen ein paar Jahre. Ich lernte Lisa kennen und wir heirateten. Ich war überglücklich, dass ich nun eine Familie auf dem Fundament des echten Glaubens gründen konnte, und träumte davon, welcher Segen unser gemeinsames Leben erfüllen würde. Doch stattdessen breitete sich die Wüste bereits in den ersten zehn Jahren unserer Ehe unerbittlich aus.

Wenige Monate vor unserer Hochzeit steckte sich Lisas Schwester Lauri am Impfstoff ihres Sohnes mit Kinderlähmung an – was extrem selten vorkommt. Sie wurde vollständig gelähmt und konnte nicht mehr für sich selbst sorgen. Und als ob das noch nicht schlimm genug wäre, verließ ihr Mann daraufhin sie und ihren Sohn.

Dann wurde unsere Wohnung dreimal hintereinander ausgeraubt, was bei Lisa und mir Angst- und Verlustgefühle hervorrief. Beim dritten Mal gab es bei uns nichts mehr zu holen außer unseren Kleidern und so leerten die Diebe unsere Schränke und Kommoden.

Eine weitere Tragödie ereilte uns, als Lisas Mutter einen Herzanfall bekam. Ihr Vater erhielt die Diagnose Leberkrebs und starb keine neun Monate später. Eine andere Schwester von Lisa kam bei einem Verkehrsunfall ums Leben und ihre jüngste Schwester wurde im Teenageralter schwanger und gab das Baby zur Adoption frei.

Ich versuchte, zuversichtlich zu klingen, als ich Lisas Schwester Lauri anbot, mich um ihre Finanzen zu kümmern. Ich versprach ihr: „Du brauchst dir nie mehr Sorgen zu machen. Lisa und ich sind für dich da." Aber diese Aussage gründete sich allein auf den Glauben an Gottes Möglichkeiten, denn ich hatte wenig Vertrauen in meine eigenen finanziellen Fähigkeiten.

Die Familie, in die ich so begeistert hineingeheiratet hatte, war nun komplett von uns abhängig. Unser finanzielles Polster wurde unglaublich dünn. Wir hatten das Gefühl, in einen Bombenhagel geraten zu sein; eine ungeheure Verantwortung lastete auf uns.

Lisa, die immer noch in Trauer war durch die Verluste in ihrer Familie, durchlitt drei komplizierte Schwangerschaften in fünf Jahren. Nach jeder Geburt fiel sie in Depressionen, musste mehrmals ins Krankenhaus und hatte auch in den folgenden Jahren noch mit seelischen Problemen zu kämpfen. Unsere Jungs und ich beteten jeden Abend für sie. Die Kinder fragten mich immer: „Hilft Jesus Mama, damit es ihr besser geht?" Und ich konnte nur antworten: „Jesus hat alles in der Hand. Er tut, was das Beste für Mama ist."

Das Beten fiel mir immer schwerer. Wie viele andere Menschen auch konnte ich einfach nicht verstehen, warum mein himmlischer Vater solche Dinge in meiner Familie zuließ. Ich konnte den Gedanken eines Gottes, der mich liebte, nicht mit dem Gedanken vereinbaren, dass dieser Gott mich und vor allem meine geliebte Frau so leiden ließ. Mein Glaube an Gottes guten Charakter war angegriffen und schwer erschüttert.

Ich befand mich mitten in der Wüste und ich hasste es.

Kämpfe in der Wüste

Als Jesus etwa dreißig Jahre alt war, muss er gewusst haben, dass sein öffentliches Wirken bald seinen Anfang nehmen würde – der Weg, der schließlich zu seinem Tod führen würde. Doch zuerst, so berichtet es die Bibel, wurde er „vom Geist Gottes in die Wüste geführt" (Matthäus 4,1; Lukas 4,1).

Wir können annehmen, dass der Ort, an den er ging, öde und leer war. Es gab kein Dorf in der Nähe, wo er sich Vorräte kaufen konnte, und auch keine anderen Menschen, die seine Last mit ihm teilten. Ich stelle mir vor, wie die Sonne des Mittelmeers auf ihn herabbrannte, während er vierzig Tage lang betete und fastete. An diesem Punkt tauchte der Satan auf und seine erste Handlung bestand darin, Jesus in Versuchung zu führen, für *sich selbst* zu sorgen.

„Wenn du Gottes Sohn bist, dann befiehl, dass diese Steine hier zu Brot werden!" (Matthäus 4,3).

Satans Taktik für den Kampf stand fest: Ein liebevoller, gerechter und guter Gott würde seinen Sohn nicht leiden lassen. Wenn der Sohn Gottes sich etwas zu essen beschaffen *konnte,* dann würde er es *tun.* Doch wenn er nicht in der Lage dazu war, für sich selbst zu sorgen – so versuchte der Satan es ihm weiszumachen –, dann war er schwach und unfähig.

Jesus wusste es natürlich besser. Er verstand die Zusammenhänge und ihm war klar, in welchem Rahmen Gott für ihn sorgen würde. „Der Mensch lebt nicht nur von Brot, sondern von jedem Wort, das aus Gottes Mund kommt", entgegnete er dem Teufel (Matthäus 4,4). Aber der Versucher gab nicht so schnell auf. Er fuhr fort, Jesus an jeder menschlichen Schwachstelle, die er finden konnte, auf die Probe zu stellen.

Auch heute noch lauert der Teufel in der Wüste und wartet nur darauf, wie er unsere schwachen Momente ausnutzen kann. Das ist sein ultimatives Schlachtfeld, der Ort, an dem er uns findet und wir am verwundbarsten sind. Dann sät er seine Lüge aus, dass Gott sich nicht um uns kümmert. Der Feind unserer Seele will uns davon überzeugen, dass Gottes Ressourcen begrenzt sind und man sich auf seine Zusagen nicht verlassen kann. Er will uns einreden, dass wir im Mangel leben und nicht in der Fülle.

Er isoliert uns und befeuert unsere Ängste, indem er uns weismachen will, wir seien selbst dafür verantwortlich, uns zu versorgen, und nicht der Eine, der versprochen hat, uns zu führen und uns unser tägliches Brot zu geben. Der Satan behauptet, wir seien allein und ungeliebt.

Wenn unsere Situation trostlos aussieht, sagt er uns, wir hätten versagt und Gott ebenfalls. Wenn Gott sich wirklich um uns kümmert, warum sind wir dann an diesem Ort? Warum müssen wir eine Krebserkrankung, einen Diebstahl, einen Verrat oder Verlust ertragen? Warum lässt Gott das überhaupt zu?

Diese Fragen stellen wir alle uns irgendwann, aber nur Gott allein kennt die Antwort.

Das 11. Kapitel des Hebräerbriefes könnte man als die „Ruhmeshalle" des Glaubens bezeichnen. Es erzählt eine Geschichte nach der anderen über Diener Gottes, die in einer tiefen Beziehung und Hingabe zu Gott lebten, oft angesichts von Widerstand und schrecklichem Leid. Nachdem der Verfasser des Briefes uns an einige alttestamentliche Helden wie Noah, Abraham, Jakob, Josef und Mose erinnert hat, erwähnt er auch die große Zahl namentlich nicht bekannter Propheten, die in Armut lebten, Hunger, Auspeitschung, Folter, Gefängnisstrafen und sogar den gewaltsamen Tod erlitten.

Als ich selbst schwere Zeiten durchmachte, entfalteten diese Verse für mich eine große Kraft. Ich habe schon viele Predigten über dieses Kapitel gehört, jedoch habe ich es selten erlebt, dass ein Pastor oder Ausleger besonders auf einen Satz in Vers

34 hingewiesen hat. Dieser ist für mich eine der kostbarsten Passagen der ganzen Bibel geworden. Der Autor schreibt hier über die Vorbilder des Glaubens: „Sie wurden, wo es ihnen an Kraft fehlte, von Gott gestärkt."

Schauen wir uns denselben Vers noch in anderen Übersetzungen an. In der Lutherbibel 2017 heißt es, sie seien „aus der Schwachheit zu Kräften gekommen", und in der Zürcher Bibel: „wo sie schwach waren, haben sie Kraft empfangen".

Das sind machtvolle und ermutigende Aussagen für jeden, der durch eine Zeit des Leids und der Schwachheit gehen muss. Der Apostel Paulus beschreibt einen ähnlichen Gedanken in 2. Korinther 12,9-10:

> Der Herr hat zu mir gesagt: „Meine Gnade ist alles, was du brauchst, denn meine Kraft kommt gerade in der Schwachheit zur vollen Auswirkung." Daher will ich nun mit größter Freude und mehr als alles andere meine Schwachheiten rühmen, weil dann die Kraft von Christus in mir wohnt. Ja, ich kann es von ganzem Herzen akzeptieren, dass ich wegen Christus mit Schwachheiten leben und Misshandlungen, Nöte, Verfolgungen und Bedrängnisse ertragen muss. Denn gerade dann, wenn ich schwach bin, bin ich stark.

Glauben wir das wirklich? Glauben wir, dass Gott durch die Kämpfe, die wir in der Wüste auszustehen haben, unsere Schwachheit in Kraft verwandelt? Akzeptieren wir unsere Schwachheit und die schwierigen Umstände in dem Wissen, dass wir gerade dann stark sind, wenn wir schwach sind? Ich bin sicher: Das ist eine Facette von Gottes Fülle in unserem Leben, der wir uns aussetzen und die wir annehmen sollten.

Gott schien meine Familie zerstören zu wollen. Ja, ich hatte Gott dort in Australien zwar gesagt, dass ich lernen wollte, ihn mehr als alles andere zu brauchen. Aber gab es nicht einen einfacheren Weg? Die Antwort darauf fand ich teilweise in meiner Beziehung zum „Marktplatz".

Der Marktplatz

Wie bereits gesagt hasste ich die Wüste. Sie war kahl, kalt und einsam. Für mich und viele andere fühlte sich ein anderer Ort sehr viel heimischer an. Ich nenne ihn den Marktplatz.

Vielleicht liegt es an meiner unsicheren Kindheit, dass mich Zahlen immer schon faszinierten. Ich fühlte mich sicher in dem Raum, den ich für rational und berechenbar hielt und der durch die Regeln der Ökonomie und des Kapitalismus bestimmt war. Für mich als Buchhalter und später als Führungskraft hatten die Prinzipien des Geschäftslebens und des Handels immer Sinn. Gelder wurden effizient bereitgestellt. Güter und Dienstleistungen wurden gemäß dem Mengeneffekt produziert. Der Wettbewerb sorgte für eine ehrliche Preisgestaltung, Arbeitsplätze entstanden und verbesserten die Gesellschaft. Aktionäre wurden für die Risiken belohnt, die sie eingingen. Ich schaute mir die Geschäftswelt an, die Menschen geschaffen und auf die sie sich jahrhundertelang verlassen hatten, und erkannte, dass meine Grundbedürfnisse nach Wohnung, Essen und Hygiene dort auf effiziente Weise befriedigt werden konnten.

Auf dem Marktplatz konnte ich entdecken, wie eine „unsichtbare Hand" den Austausch von Produkten und Ideen leitete. Das war mein Land, in dem Milch und Honig flossen, und beides konnte ich leicht in den Regalen der Supermärkte finden. Ja, es gab sogar verschiedene Marken davon, die meinen persönlichen Vorlieben und meinem Geschmack entsprachen.

Der Marktplatz war für mich ein zivilisierter, organisierter und vor allem einfacher Ort – ganz anders als die Wüste.

Oder vielleicht doch nicht? Die schweren Zeiten, die ich bereits in jungen Jahren erlebt hatte, lehrten mich, dass man als Christ nicht unbedingt ein leichtes Leben hat. Und das letzte Jahrzehnt, das von Unsicherheit, Ungerechtigkeit und Mangel geprägt war, ließ mich die Sicherheit des Marktplatzes, auf dem ich fast mein ganzes Erwachsenenleben verbracht habe, infrage stellen.

Mehr als dreißig Jahre lang war meine Identität von dem bestimmt, was in Sitzungsräumen und komfortablen Büros passierte. Ich hatte zwar auch viel Stress und den einen oder anderen Konflikt zu bewältigen, aber im Großen und Ganzen war der Marktplatz gut für mich. Täglich gab es Gelegenheiten, um Kunden und Angestellten Gutes zu tun, und so oft ich etwas mit anderen teilte, segnete Gott mich dafür.

Doch aus der Distanz betrachtet und im Blick auf die harten Realitäten einer Welt nach der Rezession musste ich feststellen, dass der Marktplatz nicht für jeden ein sicherer Ort ist. Unsere Arbeitsplätze, die Wirtschaft und das Regierungssystem – all das ist von Menschen geschaffen und folglich finden sich darin auch menschliche Unzulänglichkeiten und Schwächen wieder. Statt alle Geschöpfe Gottes gleich hoch zu achten, bewerten Menschen andere oft unterschiedlich, nach ihrem Bankguthaben, ihrer Hautfarbe oder der Schule, die sie besucht haben. Manche werden aller Chancen beraubt, während andere in die höchsten Positionen gehievt werden. Doch an jedem Ende dieses sich immer weiter ausdehnenden Spektrums lauern ganz eigene Gefahren.

Die ständige Verfügbarkeit von Gütern und Kapital kann diejenigen, die erfolgreich materiellen Wohlstand angehäuft haben, vergessen lassen, dass es in Wahrheit Gott ist, der uns versorgt. Wenn alles gut läuft, dann lässt der Marktplatz die Leute glauben, sie würden sich selbst genügen. Er lenkt ihre Aufmerksamkeit auf ihr eigenes Handeln statt auf Gottes Fürsorge. Mit der Zeit verlieren viele Führungspersönlichkeiten auf dem Marktplatz ihre Ideale und kümmern sich nur noch um ihren Aufstieg auf der Karriereleiter.

The Reimagine Group, das Medienunternehmen, das ich leite, produziert kurze Videos, mit denen christliche Gemeinden ihren Mitgliedern wichtige Konzepte vermitteln können. In mehreren unserer Videoserien steht ein Paar, das ungefähr

Mitte dreißig ist, im Mittelpunkt. Die beiden haben auf dem Marktplatz Erfolg gehabt und besitzen alles, was man mit Geld kaufen kann – gute Ersparnisse, viel Freizeit und ein schönes Haus mit Swimmingpool, Gästezimmern und einem eigenen Gärtner. Was sie nicht haben – zumindest zu Beginn der Serie –, ist die Erkenntnis, dass alles, was sie besitzen, eigentlich Gott gehört und für seine Ziele eingesetzt werden sollte und nicht für ihre eigene Sicherheit und Bequemlichkeit.

Ich habe viele solche Menschen getroffen, die auf ihre eigenen Fähigkeiten vertrauen und zu beschäftigt sind, ihre reichen Gaben zu verwalten, als dass sie die Not anderer bemerken. Wie bei dem wohlhabenden jungen Mann, der Jesus nach dem ewigen Leben fragt, sind sie letztlich das Eigentum ihres Besitzes und nicht umgekehrt.

In diesem Fall wird der Marktplatz zu ihrem Götzen und sie verbringen dort ihre ganze Zeit auf Kosten ihrer persönlichen Beziehung zu Gott und seinem Volk.

Am anderen Ende des Spektrums befinden sich diejenigen, die dem Marktplatz misstrauen, weil er sie irgendwie betrogen und ausgeschlossen hat. Sie werden schlecht behandelt aufgrund ihres Geschlechts, ihres Alters, ihres Aussehens, ihrer Hautfarbe, ihrer Gesundheit oder ihres Wohnorts. Je mehr ich beobachte, wie ganze Stadtteile auf faule Kredite und überteuerte Märkte angewiesen sind oder wie ältere Arbeitnehmer aus Kostengründen aus ihren Jobs verdrängt werden, umso mehr schwindet mein Vertrauen auf den Marktplatz als „sicheren" Ort. Die Realität hat meine Sicht auf den Marktplatz als Gegenpol der Wüste verändert.

Ja, der Marktplatz ist mein Freund gewesen. Und er hat nicht nur mir, sondern auch vielen anderen Menschen zahllose Vorteile gebracht. Doch je genauer ich die Wüste betrachte – und Gottes Platz darin –, desto deutlicher wird für mich, dass auch der Marktplatz seine Probleme hat. Wer „Erfolg" hat, entdeckt oft, dass dieser sehr schnell wieder vorüber sein kann. Eine Veränderung auf dem Markt oder eine Innovation kann unseren Nutzen rasch schwinden lassen und uns eine weitere Wüstenzeit bescheren.

Viele Führungskräfte reden davon, christliche Werte in das Geschäftsleben mit einzubeziehen, um die Probleme der Chancenungleichheit in den Griff zu bekommen. Doch viel zu oft müssen solche „christlichen" Prinzipien wie Gerechtigkeit und Barmherzigkeit hinter den drängenden Forderungen von Gewinnstreben und Stolz zurücktreten. Unter den Belastungen des Marktplatzes und den Erfordernissen der Wettbewerbsfähigkeit verlieren Unternehmensleiter die Balance zwischen Gerechtigkeit und Barmherzigkeit aus dem Blick und nutzen jede Ausrede, um einen schlechten Umgang mit ihren Angestellten oder eine Ausbeutung ihrer Kunden zu rechtfertigen. Das sei eben „Business", heißt es dann. Auch ich selbst hatte immer wieder mit dem Druck zu kämpfen, den Kunden, Angestellte und Aktionäre ausübten. Einen gerechten und barmherzigen Weg zu finden, mit dem ihnen allen gedient ist, war nie einfach.

Gott ist auf dem Marktplatz gegenwärtig, aber das Mangeldenken hat leider ebenfalls dort seine Wurzeln. Auch der Marktplatz ist kein einfacher Ort zum Leben, er ist voller Kämpfe und Versuchungen. Jeden Tag haben wir Gelegenheit, die Versuchungen entweder zu bestehen oder ihnen zu erliegen. Die Gefahren des Lebens in der Wüste sind zwar offensichtlicher und wir spüren unmittelbarer die schmerzlichen Auswirkungen. Doch es ist auch der Ort, an dem Gott mit seiner ganzen Fülle gegenwärtig ist. Er wartet auf uns gerade an den Orten, die unsere Aufmerksamkeit, unsere Kraft und unser emotionales Engagement erfordern. In der Wüste wird sofort offenkundig, wie wenig wir haben und wie abhängig wir von Gott sind. Unsere Selbstgenügsamkeit spielt hier keine Rolle. Gott schenkt uns die Wüste, weil sich dort unser Leben verändern kann und wir echte und authentische Beziehungen finden.

Noch ein Gedanke aus *Wilderness Wanderings* von Bill Lawrence:

Die Wüste ist Gottes eigentlicher Tempel; sie ist der Ort, wo er persönlich wohnt, wohin er die Menschen beruft, die ihm nachfolgen, damit sie ihn dort treffen und in seiner Gegenwart sein können. In der Wüste rief Gott Mose und beauftragte ihn und dort gab er ihm auch die Zehn Gebote. Hier ließ Gott das Volk Israel entstehen und zeigte Mose, wie er die Stiftshütte bauen sollte. Die Wüste war auch der Ort, an dem Gott David darauf vorbereitete, der König seines Volkes zu sein und ein Vorab-Bild seines Sohnes. In der Wüste begegnete Gott seinem Propheten Elia und bereitete Johannes den Täufer auf seinen Dienst vor. Der Heilige Geist führte Jesus in die Wüste, wo er auf die Probe gestellt und versucht wurde und sich als der Messias erwies. Die Bibel berichtet auch, dass die theologischen Gedanken des Apostels Paulus in der Wüste geformt und vollendet wurden.[32]

Gottes Fürsorge ist untrennbar mit unserem Glauben verbunden und mit unserer aktiven Abhängigkeit, in seinem Willen zu leben. So wird Beziehung aufgebaut. Unsere Abhängigkeit von Gott entsteht und wächst gerade in Zeiten der Not.

Gott hatte den Israeliten nie versprochen, dass es einfach werden würde, nachdem sie Ägypten verlassen hatten. Und auch zu uns hat er nie gesagt, dass er uns vor Wüstenzeiten bewahren würde. Nach 5. Mose 8,2 führte Gott sein Volk in die Wüste, um es auf die Probe zu stellen. Er wollte sehen, wie es um ihr Herz bestellt war und ob sie sich an seine Gebote halten würden. Zu oft habe ich selbst diesen Test nicht bestanden. Ich war egoistisch und eigensinnig und viele meiner Gebete in jenen ersten Wüstenjahren waren Bitten an Gott, meine Situation zu verbessern, sie schrittweise zu verändern. Ich wollte, dass Gott mir Gnade und Kraft schenkte, indem er mich von der Wüste *befreite*.

Doch im Rückblick denke ich, dass es nicht das war, was Gott mich durch jene Prüfungen erkennen lassen wollte. Stattdessen versprach er mir, dass ich ihm sogar in der kahlen, orientierungslosen, lebensverändernden Wüste begegnen würde, mitten in den großen Umbrüchen und Verlusten meines Lebens. Gottes Gnade und Kraft kommen gerade *in unserer Schwachheit* zu uns. Das ist die Fülle, auch wenn wir sie uns anders gewünscht haben.

Heutzutage gibt es viele Ratschläge, wie gläubige Menschen den Marktplatz positiv beeinflussen können. Doch wenn wir wirklich die Fülle Gottes als Belohnung ernten möchten und so leben wollen, wie er es uns in der Bibel zeigt, dann sollten wir auch über das Gegenteil nachdenken. Es ist nämlich wichtiger, den Menschen auf dem Marktplatz zu zeigen, wie sie Gott in der Wüste erfahren können.

Dichtmachen und aussperren

Für viele Amerikaner gab es keine größeren Herausforderungen als die, die wir nach den Terroranschlägen vom 11. September 2001 als ganze Nation bewältigen mussten. Zu jenem Zeitpunkt war ich Mitbegründer und Geschäftsführer eines großen Reiseunternehmens. Wir waren schnell gewachsen. Am Morgen des 11. September hatten wir 5000 Beschäftigte und zahlten täglich mehr als 600 000 Dollar an Gehältern aus. Unser Hauptgeschäft war die Buchung von Flugtickets. Als die Twin Towers fielen, wurde der Flugverkehr eingestellt und wir hatten plötzlich keine Einkünfte mehr.

Die Konkurrenz handelte schnell und kürzte ihr Personal über Nacht um 25 Prozent. Ein bekanntes Unternehmen, das einen Parkservice anbietet, kündigte all seinen Fahrern fristlos.

Der Vorstandsvorsitzende unseres Unternehmens rief mich aus Europa an und fragte mich, was ich tun wollte. Ich musste an all die Familien denken, die auf unsere Gehälter angewiesen waren, und antwortete: „Nichts, solange wir keinen Plan haben." Ich ließ alle unsere Angestellten, die begreiflicherweise sehr beunruhigt waren, wissen, dass wir keine Stellen oder Gehälter kürzen würden, bis wir genau wussten, wie wir am besten weitermachen sollten. Das dauerte drei Wochen. Während dieser Zeit tat ich etwas, das ich vorher noch nie getan hatte. Ich lud alle unsere Angestellten zu einer Telefonkonferenz ein, die ich mit einem kurzen Gebet eröffnete. Ich bat Gott, uns seine Gunst und Weisheit zu schenken, dann betete ich um seinen Schutz für unser Personal, für unser Land, unsere Regierung, die Opfer und ihre Familien.

Unser Unternehmen hatte Angestellte mit unterschiedlichen religiösen Ansichten und ich sprach grundsätzlich nur dann mit jemandem über Gott, wenn ich den Eindruck hatte, dass der Heilige Geist das Herz dieser Person geöffnet hatte. Auf jeden Fall hatte ich noch nie vor der ganzen Belegschaft ein Gebet gesprochen. Doch in jener Zeit der nationalen Trauer und Ungewissheit wollte ich ehrlich sein und zugeben, dass ich keine Antworten hatte. In einer solchen Zeit wusste ich nicht, was ich tun sollte, außer auf Gott zu vertrauen.

Stück für Stück fügten sich die Puzzleteile zu einem Plan zusammen. Mit der Zustimmung und Unterstützung unserer Bank und unseres Vorstandes kauften wir ein großes Konkurrenzunternehmen auf, um unsere Einkünfte zu „restrukturieren". Ein Jahr lang waren unsere Gewinne zwar praktisch ausgelöscht, doch auf diese Weise waren wir auf Wachstumskurs und konnten bis auf sieben Prozent unser ganzes Personal behalten, während unsere Konkurrenten durchschnittlich zwanzig Prozent ihrer Mitarbeiter entließen. Außerdem gewannen wir viele neue Kunden dazu, die uns mitteilten, sie wollten gern mit uns zusammenarbeiten, weil wir so gut mit unserem Personal umgingen.

Wenn wir nicht genug haben – ob privat oder im Berufsleben – ist unsere natürliche Reaktion, dass wir dichtmachen und andere aussperren, so wie es viele Unternehmen nach den Anschlägen vom 11. September getan haben. Der Marktplatz lieferte keine Antworten, doch indem wir in der Wüste ausharrten und dort Gott suchten, fanden wir zu einer Lösung, die unsere treuen Mitarbeiter honorierte und Gottes Souveränität anerkannte.

Es mag sein, dass ich die Wüste nicht mag, aber sie ist der Ort, an dem ich verändert werde. Hier lerne ich, meine Ängste loszulassen. Hier kommt Gott zu mir und offenbart mir einen neuen Lebensstil, der mich über die Mangelmentalität des Marktplatzes hinausführt.

In der Wüste leben

Als junger Mann spielte ich in der Zeit, bevor ich Christ wurde, häufig Poker. Und manches, was ich dabei gelernt habe, gilt auch noch heute. Zum Beispiel kann die eigene Perspektive ein Schlüssel zu einem erfolgreichen Spiel sein. Man hat keinen Einfluss darauf, welche Karten einem ausgeteilt werden. Manchmal bekommt man ein tolles Blatt und fühlt sich unschlagbar. Oder man hat ziemlich schlechte Karten, mit denen man nichts anfangen kann. Meistens geschieht beides in ein und derselben Pokerrunde mehrmals. Doch Fakt ist: Auch mit einem „unschlagbaren" Blatt kann man am Ende verlieren, und wenn man clever genug blufft, kann man auch mit schlechten Karten noch gewinnen. Ein kluger Pokerspieler weiß, dass er jedes Blatt als eine Chance betrachten sollte, egal wie schlecht es auf den ersten Blick aussieht.

Meine Schwägerin Lauri hat in den 38 Jahren, seit sie Kinderlähmung bekam, einen bemerkenswerten Weg zurückgelegt. Sie wurde Christin und ist Gott heute dankbar, dass er sie durch ihre schwere Situation hindurch zu sich gezogen hat. Ihr Gesundheitszustand erfordert Pflege rund um die Uhr; dazu gehören auch Rollstühle, speziell umgebaute Fahrzeuge und Hilfe bei allen täglichen Verrichtungen. Lauris Leben ist, gelinde ausgedrückt, teuer. Als Entschädigung für ihre Erkrankung erhielt sie nur 200 000 Dollar, was für einen vollständig gelähmten Menschen nicht viel ist. Und doch hat sie nach all den Jahren immer noch so viel auf ihrem Konto, dass sie davon leben kann. Sie erinnert mich manchmal an die Israeliten in der Bibel, deren Schuhe sich auf wundersame Weise nicht abnützten, obwohl sie vierzig Jahre in der Wüste umherziehen mussten.

Auch wenn es zunächst so aussah, als hätte Lauri „schlechte Karten" erwischt, sagt sie selbst, dass sie durch das Leben im Rollstuhl gelernt hat, auf Gott zu sehen. Sie gibt ihren Glauben immer wieder an die Menschen weiter, die sie pflegen.

So wie Lauri sind auch Lisa und ich durch das, was wir an Schwerem erlebt haben, von Gott abhängiger geworden. Und genau darum hatte ich Gott ja damals in Australien gebeten. Aus Tod und Verlust erwächst eine erstaunliche Kraft. Jeder Schmerz, jede Enttäuschung und jedes Versagen in unserem Leben hat das Potenzial, einen neuen Rohstoff entstehen zu lassen, der im Lauf der Zeit unter ausreichendem Druck von Gott dazu gebraucht werden kann, etwas ganz Neues und Wunderbares zu schaffen.

Der Ort, an dem Gott für uns sorgt

Ist das nur der Versuch einer rationalen Erklärung? Wird Gott wirklich etwas Heilsames aus der Tragödie oder der unerträglichen Unsicherheit entstehen lassen, die Sie dazu geführt hat, dieses Buch in die Hand zu nehmen? Ich würde sagen: Ja und Nein.

Ja, er wird für Sie sorgen. Nein, es wird vielleicht nicht so sein, wie Sie es erwarten.

Welche Verluste müssen Sie gerade bewältigen? Den Verlust eines geliebten Menschen? Einen finanziellen Verlust? Den Ihres Zuhauses? Ihres guten Rufes? Ihrer Gesundheit? Das Sterben eines Traums? Gott kann aus all dem im Lauf der Zeit etwas machen, das seinem Reich und Ihrer Versorgung dient.

Das bedeutet nicht, dass er auf wundersame Weise alles

„besser" werden lässt, wenn wir nur richtig beten oder das Richtige tun. Unsere Interpretation von „richtig" stimmt oft nicht mit Gottes Sichtweise überein. Und es gibt kaum jemanden, der in der Wüste nicht irgendwann die Faust in Richtung Himmel geballt und Gott beschuldigt hat, seinen Teil der Abmachung – nämlich liebevoll und treu zu sein – nicht eingehalten zu haben. Auch ich gehöre dazu.

Viele Menschen haben dafür gebetet, dass Lauri geheilt wird oder ihre Mobilität zurückgewinnt. Aber Gottes Fürsorge für Lauri zeigte sich gerade *durch* die schwierigsten Umstände und nicht ohne diese.

Wenn es so aussieht, als ob Gott eine rote Linie überschreitet, dann kann eine solche Situation zu noch mehr Kummer oder Verhärtung führen oder zu beidem. Menschen können durch ihre Lebensumstände verbittert werden. Das blockiert ihre Fähigkeit, eine neue Perspektive zu finden oder sich zu überlegen, wie sie das schlechte Blatt besser ausspielen können.

Jesus hat uns nie ein leichtes Leben versprochen. Ja, er hat uns sogar gewarnt, dass wir Verfolgung und Leid ertragen müssen, wenn wir ihm nachfolgen. Aber die Bibel versichert uns auch, dass Gott allwissend und allliebend ist. Wir können seinem Herzen vertrauen, auch in Zeiten des Leids und des Gegenwinds. Das ist leicht gesagt, aber schwer tagtäglich zu leben und zu glauben. Und doch gibt Gott uns die Verheißung, dass wir die vorübergehende Zeit des Schmerzes gegen die Ewigkeit in der Fülle eintauschen dürfen.

Wenn wir zu Gott rufen und ihn in die Details unseres Lebens einladen, dann ordnet er alles neu und schenkt uns ein neues Ziel. Und daraus entsteht das, was uns in Zukunft versorgt. Doch oft wird unser Glaube auf die Probe gestellt, so wie Hiob es in Worte fasst: „HERR, du hast mir alles gegeben, du hast mir alles genommen, dich will ich preisen" (Hiob 1,21).

Diese Prüfung ist schwieriger als die Entscheidung zwischen dem Marktplatz und der Wüste. An beiden Orten schenkt Gott uns seine Gnade und Fürsorge. Doch die Wüste ist der

Ort, an den er uns ruft, damit wir freiwillig kommen und denen beistehen, die unsere Liebe am meisten brauchen. Diesen Gedanken werden wir im nächsten Kapitel näher beleuchten.

Bevor wir uns nämlich damit befassen, wie wir andere Menschen mit Gottes Liebe erreichen können, müssen wir uns erst mit der Wüste anfreunden. Sie ist einer der Orte, an denen wir Zugang zu Gott und seiner Fürsorge erhalten. Oft ermöglicht uns die Wüste eine persönlichere Begegnung mit Gott, denn dort bekommen wir es direkt mit ihm zu tun. Der Marktplatz dagegen ist vielschichtiger. Es ist einfach, im Wachstum Gottes Gunst zu sehen und im Versagen seinen mangelnden Segen. Wie so viele andere habe auch ich mich täuschen lassen und setzte Erfolg und Berühmtheit mit Gottes Zuwendung gleich.

Mit der Wüste Freundschaft schließen

Sich der Wüste zu öffnen, heißt, den Tod all dessen in Kauf zu nehmen, was uns vertraut ist. Geistlich gesehen bringt Jesus dieselbe Wahrheit zum Ausdruck, wenn er sagt: „Wenn das Weizenkorn nicht in die Erde fällt und stirbt, bleibt es ein einzelnes Korn. Wenn es aber stirbt, bringt es viel Frucht" (Johannes 12,24). Jedes Saatkorn hat eine harte Schale, die aufgebrochen werden muss. Ich glaube, bei uns Menschen ist es ebenso. Wenn wir bereit sind, uns für Gottes Führung zu öffnen, auch wenn diese uns an unangenehme Orte bringt, dann gelten uns Gottes große Verheißungen: dass er uns niemals verlassen wird, dass nichts uns von seiner Liebe trennen kann und dass, wie Paulus in Römer 8,18 schreibt, „die Leiden der jetzigen Zeit nicht ins Gewicht fallen, wenn wir an die Herrlichkeit denken, die Gott bald sichtbar machen und an der er uns teilhaben lassen wird".

Wir haben bereits darüber nachgedacht, dass wir uns selbst als Rohstoffe betrachten sollten, als Silizium im Sand des Reiches Gottes, und dass wir bereit sein sollen, alles, was wir haben, vor Gott zu bringen und es ihm zum Gebrauch zu überlassen. Silizium erreicht jedoch nur dann seine volle Kapazität als wichtigstes Bauteil in elektronischen Geräten, wenn es in ein Feuer geschoben wird, das so heiß ist wie die Lava aus einem Vulkan. Ohne diese Hitze ist Silizium nichts als Sand am Meeresufer – und ohne die Herausforderungen der Wüste werden wir nicht geläutert und erprobt, damit wir bereit sind, alles für Gott zu geben. Wenn wir nur für uns selbst und unser Vergnügen leben, sind wir nicht zum Dienst für ihn geeignet.

Vielleicht ist das der Grund, warum Jesus seine Jünger immer wieder mit in die Wüste nahm. Sie machten auf Hügeln halt, an denen zahllose hungrige Menschen lagerten und die von aufgepeitschten Gewässern umgeben waren. Sie sprachen mit den Kranken und Ausgestoßenen ebenso wie mit den selbstgerechten religiösen Eiferern. Jedes Mal schwankten die Jünger in ihrem Glauben. Sie konnten nicht sehen, wie Gott sie versorgen würde.

Darin sind sie nicht allein. Die Israeliten verloren oft ihren Glauben an Gott, selbst dann, als sie schon im Gelobten Land waren. Sie wollten zurück in das einfachere Leben in Ägypten. Und doch konnten sie erst im Gelobten Land – dem Ort, an dem sie sich voll und ganz auf Gott verlassen mussten –, die Fesseln des Mangels ablegen und die Fülle Gottes empfangen.

Als Christen haben wir die Chance, von den Israeliten und den Jüngern zu lernen. Wir haben die Chance, das Blatt, das Gott uns ausgeteilt hat, mit anderen Augen zu sehen.

Also müssen wir uns fragen: Glauben wir, dass Gott für uns ist? Glauben wir, dass er Schweres in unserem Leben zulässt – das nur ein kleiner Ausschnitt seiner Ewigkeit ist –, um etwas größeres Gutes für sein Reich und seine geliebten Menschen zu erreichen?

Wenn wir nicht akzeptieren, dass unsere Zeit in der Wüste zu Gottes Plan gehört, und nicht gerade da nach seiner Gegenwart Ausschau halten, dann werden wir Gottes Fürsorge immer nur in begrenztem Maß erfahren. Sind wir aber bereit,

Gott überallhin zu folgen, wohin er uns führt, dann legen wir das Fundament für neues Wachstum und für eine neue Fürsorge durch ihn.

Gottes Rhythmus der Fürsorge für Sie: Herausforderungen

Obwohl die Wüste zeitweise ein schwieriger und furchterregender Ort sein kann, so dient sie doch einem wichtigen Zweck in Gottes Plan der Fürsorge. In den Herausforderungen heizt Gott den Ofen an, um den Sand unseres Lebens und unseres Charakters in etwas anderes zu verwandeln – in Silizium. Hier findet das Wunder der Verwandlung statt. Vergessen wir also nicht: Ohne die Herausforderungen der Wüste werden wir nicht ausreichend erprobt und verändert.

In Daniel 3 sehen wir, dass Gott zu Schadrach, Meschach und Abed-Nego in den Ofen kam. Wenn Sie über die Herausforderungen Ihres Lebens nachdenken, dann bitten Sie Gott, Ihnen deutlich zu machen, dass er bei Ihnen im „Ofen" ist, vor allem wenn Sie seine Gegenwart nicht spüren. Denken Sie an seine Verheißung in Matthäus 28,20: „Seid gewiss: Ich bin jeden Tag bei euch, bis zum Ende der Welt." Bitten Sie Gott, dass er sich Ihnen in Ihrer Anfechtung in besonderer Weise offenbart.

Kapitel 6

Die Wüste und ich

An den Herausforderungen wachsen

Als Geschäftsmann bin ich von Zahlen fasziniert – vor allem von dem, was die Finanzwelt „Gewinn und Rendite" nennt. Was geschieht, nachdem wir eine Investition getätigt haben? Was bekommen wir dafür, dass wir ein Risiko auf uns genommen haben?

Das sind Fragen, die man sich nicht nur auf dem Marktplatz stellt. Viermal heißt es in der Bibel, dass Jesus für ein bestimmtes Handeln eine Belohnung in Zahlen verspricht.

Das erste Beispiel dafür ist das Gleichnis vom anvertrauten Geld, das wir ja bereits kennen. In Matthäus 25 erzählt Jesus von drei Dienern, die von ihrem Herrn mehrere Säcke mit Geld erhalten, das sie in seiner Abwesenheit verwalten sollen. Zwei der drei Diener – die fünf Säcke und zwei Säcke erhalten haben – riskieren alles, was ihnen gegeben wurde, und können die anfängliche Summe verdoppeln. Das war keine kleine Investition. Theologen schätzen den Wert jedes Sackes – in anderen Bibelübersetzungen als „Talente" bezeichnet – auf mehr als zwanzig Jahresgehälter eines einfachen Arbeiters. Die beiden Diener hatten also eine Investition getätigt, die ihnen mehr einbrachte, als sie in ihrem ganzen Leben verdienen konnten. (Und der Diener, der am meisten Gewinn erzielte, bekommt auch noch den Goldsack des Dieners, der das ihm anvertraute Vermögen versteckt hat, statt etwas daraus zu machen – also noch einmal zwanzig Jahresgehälter!)

„Sehr gut", sagt der Herr zu ihm. „Du bist ein tüchtiger und treuer Diener. Du bist mit dem wenigen treu umgegangen, darum will ich dir viel anvertrauen. Komm herein zum Freudenfest deines Herrn!" (Matthäus 25,21). Die Diener, die das Herz ihres Herrn kannten und alles für ihn riskierten, erhielten als Belohnung das ewige Leben.

Ein ähnliches Gleichnis findet sich in Lukas 19,11-27. In diesem Fall gibt der Herr jedem Diener „ein Pfund", was etwa drei Monatslöhnen entspricht. Als der Herr zurückkehrt, berichtet ihm der erste Diener, er habe aus dem einen Pfund zehn gemacht. Er wird mit zehn Städten belohnt, was sich als Übertragung einer großen Autorität und Verantwortung im Himmel interpretieren lässt. Der zweite Diener hat sein Pfund in fünf Pfund verwandelt und ihm werden fünf Städte anvertraut. Auch in diesem Gleichnis gibt es einen Diener, dessen Handeln von Furcht bestimmt ist. Weil er das Herz und das Anliegen seines Herrn missverstanden hat, versteckt er das ihm Anvertraute. Darum wird ihm das Pfund wieder weggenommen und dem gegeben, der die zehn Städte hat.

Die dritte Geschichte, die von einer zahlenmäßigen Belohnung handelt, steht in Matthäus 13,1-23. Es ist das Gleichnis vom Bauern, der Getreide aussät. Jesus beschreibt das Wort Gottes als eine Saat, die auf vier verschiedenen Böden ausgesät wird; die Böden sind ein Bild für das menschliche Herz. Wie offen sind unsere Herzen für die Wahrheit Gottes? Wenn das Wort dort ausgestreut wird, wo es keine Erde oder nur felsigen Boden oder Dornengestrüpp gibt, dann gibt es nur wenig oder gar keine Ernte. Fällt die Saat aber auf gutes Land, dann bringt sie Frucht, „zum Teil hundertfach, zum Teil sechzigfach, zum Teil dreißigfach" (Vers 8).

Es wird uns also mehrfach deutlich gemacht, dass Gott alle belohnt, die ein Risiko auf sich nehmen, die das Herz ihres Herrn kennen und deren eigenes Herz für die Wahrheit offen ist. Dagegen bestraft er diejenigen, die es den Sorgen dieser Welt und dem trügerischen Reichtum gestatten, die Frucht des Reiches Gottes zu ersticken.

Das führt uns schließlich zu einer letzten sehr bemerkenswerten Passage in der Bibel, die sich ebenfalls mit dem Thema des Lohns befasst. In Matthäus 19,27 wird Jesus von Petrus gefragt: „Du weißt, wir haben alles zurückgelassen und sind dir nachgefolgt. Was werden wir dafür bekommen?" Petrus und die anderen Jünger haben alles für Jesus aufgegeben, was sie besaßen: Familie, Beruf, Häuser und in zunehmendem Maß auch ihre eigene Sicherheit. Nun will Petrus wissen, was sie im Gegenzug erhalten. Jesus antwortet ihm: „Ich sage euch: Wenn der Menschensohn in der zukünftigen Welt in königlichem Glanz auf seinem Thron sitzt, werdet auch ihr, die ihr mir nachgefolgt seid, auf zwölf Thronen sitzen und die zwölf Stämme Israels richten" (Matthäus 19,28). Für ihr Opfer werden die Menschen, die Jesus nachfolgen, so verspricht er es, „alles hundertfach wiederbekommen und das ewige Leben erhalten" (Matthäus 19,29). Ist es nicht interessant, dass Jesus den höchsten Gewinn (das Hundertfache) denen zusagt, die ihre liebsten Menschen oder die wichtigsten Dinge in ihrem Leben verloren oder für ihn aufgegeben haben?

Wir wissen, dass Gott uns dazu aufruft, uns freiwillig an schwierige Orte zu begeben. Dasselbe beschreibt er mit dem Bild von der Saat, die erst sterben muss, bevor sie Frucht bringen kann. Auch das Brot und die Fische mussten zerteilt werden, bevor sie einer hungrigen Menschenmenge als Mahlzeit dienen konnten. Und wir sollen bereit sein, uns hier einzureihen und von Gott geführte Risiken einzugehen, um sein Reich auszubreiten.

Wichtig ist jedoch, sich klarzumachen, dass diese Erfahrungen im Licht der Ewigkeit zu betrachten sind. Die Bibel zeigt uns an vier Stellen, dass bei der Gewinnrechnung Jesu die „Bücher" am Ende eines Menschenlebens nicht geschlossen werden. Sie bleiben für die Ewigkeit, wo seine nie versiegende Liebe die größte Belohnung ist, die wir je empfangen können. Er wird alle Tränen abwischen, uns mit seiner unendlichen Liebe lieben und uns den höchsten Gewinn für unser Leben auszahlen.

Wie wir unsere Wüstenzeiten durchleben, zeigt die höchste Berufung im Reich Gottes – ich nenne sie die „Verwaltung des Verlustes". Gott möchte, dass wir nicht nur unsere Finanzen, unsere Zeit und unsere Gaben pflegen und managen, sondern auch unseren Schmerz, unsere Verluste und Schwachheiten. Über diese Berufung wird selten genug geredet, aber gerade an diesem Punkt verändert uns die Wüste.

Alltägliche Störungen

Kehren wir noch einmal zum Marktplatz zurück. Im Geschäftsleben werden Wachstum und Innovation zwangsläufig durch Störungen und Veränderungen herbeigeführt. Die meisten Durchbrüche beginnen mit dem, was ich eine „diskontinuierliche Vision oder Idee" nenne. Die eigene Firma kann nicht mehr Jahr für Jahr so weitermachen wie bisher, wenn die Welt um sie herum sich verändert.

Als ich noch ein Teenager war, ging ich von Tür zu Tür und verkaufte Bände der *Encyclopedia Britannica*. Damals war dieses Lexikon die höchste Autorität in Sachen Information, die für ein allgemeines Publikum zugänglich war. Die in Leder gebundenen Bücher im Regal stehen zu haben, war ein Statussymbol und ein teures noch dazu. Vor dreißig Jahren kostete eine vollständige Ausgabe einer solchen Enzyklopädie über tausend Dollar. Doch die Zeiten haben sich geändert, und als das digitale Zeitalter anbrach, wurde der Zugang zu Informationen aller Art viel einfacher. Das Microsoft-Unternehmen brachte eine digitale Enzyklopädie für weniger als hundert Dollar auf den Markt. Heute wenden sich die meisten Leute kostenlosen Informationsquellen wie Wikipedia oder Google zu. Die *Encyclopedia Britannica* konnte mit diesen digitalen Medien nicht konkurrieren und erschien ab dem Jahr 2010 nicht mehr in gedruckter Form.

Ähnliches spielte sich bei der *Eastman Kodak Company* ab,

die auch unter dem einfachen Namen Kodak bekannt ist. Fast das ganze 20. Jahrhundert über war Kodak der unbestrittene Marktführer und Patentinhaber für Amateurfotos und -filme. Im Jahr 1975 erfand Steve Sasson, ein Kodak-Ingenieur, die erste elektronische Kamera. Seine Vorgesetzten waren nicht beeindruckt. Warum sollten sie die Art, wie Fotos verarbeitet wurden, verändern? Mit Filmen ließ sich viel Geld verdienen. So wie man für einen Rasierer neue Klingen brauchte, brauchte man Filme für den Fotoapparat. Und jeder, der eine Kamera besaß, war gezwungen, seine Filme auch entwickeln zu lassen. Ohne die Filmentwicklung, die Kodak anbot, war das Produkt wertlos.

Also bunkerte Kodak Steve Sassons Erfindung im Archiv. Andere Unternehmen jedoch arbeiteten an ähnlichen Projekten. Zu Beginn des 21. Jahrhunderts waren die Kunden schon fast vollständig zum Gebrauch digitaler Kameras übergegangen, die von anderen Firmen angeboten wurden. Als Kodak endlich mit der Produktion von digitalen Ausrüstungen begann, war es zu spät. Im Jahr 2012 musste das Unternehmen Insolvenz anmelden.[33]

Störungen und Unterbrechungen anzunehmen, erfordert Mut. Manchmal nehmen wir Risiken auf uns und es kommt am Ende nicht das heraus, was wir erwartet haben. Als ich in die Reisebranche einstieg, hatte ich die Idee, einen Reiseklub zu gründen und die Mitgliedschaften über die Werbung in TV-Sendungen zu verkaufen. Ich engagierte einen in ganz Amerika bekannten Moderator und nannte das Unternehmen *Grand Style Vacations*. Unser Kerngeschäft waren Firmenreisen und ich dachte, das sei ein sicherer Ausgangspunkt für weitere Innovationen und eine Ausweitung unseres Unternehmens. Meine Idee zahlte sich jedoch nicht aus. Mit dem Reiseklub ging es immer weiter bergab und am Ende hatte ich nur noch eine Handvoll sehr teurer T-Shirts mit dem Logo von *Grand Style Vacations*.

Was hat das alles mit Ihnen zu tun? Vielleicht sind Sie kein

Unternehmer, der vor dem Untergang steht. Aber Sie sind eine Person, die jeden Tag die Wahl hat, dem ausgetretenen sicheren Pfad zu folgen, der in die Stagnation und den Mangel führen kann, oder ein Risiko einzugehen und mit Gott in die Wüste zu gehen, die er Ihnen zeigt.

Die Wüste ist das Labor, in das Gott uns schickt, damit wir wachsen und Neues entdecken können, andere Leute kennenlernen und selbst erneuert werden. Wie es in 5. Mose 8,2 ausgedrückt wird, ist dies das Land, das uns auf die Probe stellt, um uns zu zeigen, wie es in unserem Herzen aussieht.

Um weiterhin Gutes zu ernten – oder, persönlicher ausgedrückt, um Gottes Fürsorge in ganzer Fülle zu erfahren –, müssen wir nicht nur bereit sein, unsere persönliche Wüste zu akzeptieren, in die Gott uns führt, sondern auch bewusst die unangenehmen Orte aufzusuchen, an denen wir anderen dienen können. Um es in der Sprache des Business auszudrücken: Wir müssen bereit sein, Innovationen vorzunehmen und unser Kapital zu riskieren – unsere Zeit, unsere Erfahrung und unsere Ressourcen.

Und das bedeutet, offen zu sein und uns unserer eigenen Herausforderungen ebenso bewusst zu sein wie der Herausforderungen anderer. Gott wird für uns sorgen, während wir die schwierigsten Bereiche unseres Lebens angehen und während wir andere lieben und ihnen dienen.

Vaterlose Söhne

Im Jahr 2001 gehörte ich einer kleinen Gruppe von Männern an, die sich wöchentlich trafen, um über ihr Leben, die Bibel und die Schnittmenge zwischen beidem zu sprechen.

Ein paar Monate nachdem wir mit unseren Treffen begonnen hatten, erzählte George, ein Mann aus unserer Gruppe, er habe einen großen Schritt im Glauben unternommen. „Diese Woche", so sagte er, „habe ich gebetet und Jesus gebeten, die

Führung zu übernehmen und der Herr meines Lebens zu sein. Zum ersten Mal habe ich jetzt die Gewissheit, dass ich tatsächlich zu ihm gehöre."

Ich war erstaunt und begeistert darüber, dass Gott durch unsere Gruppe so etwas Tiefes und Bedeutsames hatte entstehen lassen. Doch dann, nur ein paar Monate später, erhielt ich einen Anruf mit einer niederschmetternden Nachricht. George, der seit Jahren unter Depressionen litt, hatte sich das Leben genommen.

Ich konnte es nicht glauben. Nicht George. Er hatte doch Jesus gebeten, der Herr seines Lebens zu sein! Wie konnte das passieren? Hatte ich irgendetwas übersehen? Hatte ich bei George versagt? Hatte ich Gott gegenüber versagt?

Als ich zum Bestattungsunternehmen ging, um der Familie mein Beileid auszusprechen, traf ich Georges Witwe und seine zwei Söhne, die sich dort zusammen mit anderen Trauernden und Familienangehörigen eingefunden hatten. Georges älterer Sohn Rob ging mit einem unserer Söhne zur Schule und spielte im selben Golfteam, darum hatte ich die Familie schon früher kennengelernt. Doch an jenem Tag war es der Anblick von Georges jüngerem Sohn Kevin, gerade erst zwölf Jahre alt, der mich tief erschütterte.

Der Junge war fast im selben Alter wie ich, als ich meinen Vater verlor.

Ich hielt den Kontakt zu der Familie, vor allem zu den Jungs. Und dann erhielt ich eines Tages von Rob eine Einladung, mit ihm gemeinsam an einem Vater-Sohn-Wochenende an seinem College teilzunehmen. Ich sagte dankbar zu, denn es war mir eine Ehre, dass er mich zu sich in seine Wüste eingeladen hatte.

Das Wochenende war der Anfang einer intensiven Beziehung zwischen mir und Georges Söhnen. Ich wurde sozusagen ihr Mentor und lernte und profitierte von ihnen mindestens genauso viel wie sie von mir. Ich spielte Golf mit ihnen, wir öffneten in den Ferien unser Haus für sie und im Lauf der Jahre kamen sie oft zu mir, um mich in persönlichen, beruflichen oder geistlichen Dingen um Rat zu fragen. Heute sind die beiden starke junge Männer, die Jesus lieben. Als Rob heiratete, bat er meine Frau und mich, mit ihnen am Tisch der Familie zu sitzen.

Das war der Anfang einer neuen und unerwarteten Aufgabe für mich. Meine eigenen Söhne waren bereits erwachsen, aber mir wurde klar, dass es viele vaterlose Jungen gab, die in ihrer Wüste einen Mann an ihrer Seite brauchten. Irgendwann führte Gott zwei weitere Jungen in mein Leben – Antonio, der von seinem Vater verlassen worden war, und Pierce, der mit angesehen hatte, wie sein Vater durch eine seltene Krankheit aufgezehrt wurde und einen schmerzvollen Tod starb.

Innerhalb von zwei Wochen konnte Pierces Vater Scott nicht mehr gehen, wurde blind und starb. Pierce war damals erst acht Jahre alt. Kurz nach Scotts Tod rief mich seine Frau Pam an und fragte mich, ob ich mich um Pierce kümmern könnte, den zweitältesten von vier Söhnen.

So nahm ich also zum zweiten Mal die Aufgabe eines Mentors für einen vaterlosen Jungen an. Ich begleitete ihn zu Leichtathletik-Wettkämpfen, lud ihn zum Frühstück ein und bot ihm meinen Rat an, sooft er ihn brauchte. Ein unvergessliches Erlebnis hatten wir, als Pierce vierzehn war und wir bei einem Vater-Sohn-Camp in Nordkalifornien fast zwanzig Meter über dem Erdboden schwebten. Die Betreuer nannten es einen „Seilkurs", aber für mich sah es eher nach einem „Sehr-dünner-Draht-Kurs" aus. Pierce und ich sollten über zwei parallele Seile gehen, die einen knappen Meter voneinander entfernt aufgespannt waren, und die Balance halten, indem wir uns gegenseitig an den Händen festhielten und uns aufeinander verließen. Um das Ganze noch schwieriger zu machen, gab es auch noch Hindernisse zwischen uns.

Ich schätzte das Risiko ein und meinte, dass wir nur eine geringe Erfolgschance hätten. Die Physik war nicht auf unserer Seite. Ich war mehr als hundert Pfund schwerer als Pierce, ganz zu schweigen von unserem Altersunterschied von fünfzig Jahren.

„Wir schaffen das, Jack!" Pierces jugendliche Begeisterung ließ meine Zweifel schwinden. Ich nahm seine Hände und stieg auf das Drahtseil.

Einen Schritt nach dem anderen bewältigten wir den Weg gemeinsam.

Ich weiß nicht, wo ich anfangen soll, all das Gute aufzuzählen, das Gott mir geschenkt hat, während ich mit diesen vier Jungen und mit meinen eigenen drei Söhnen durchs Leben ging. Immer wenn ich eine ihrer Wüsten betrat, betrat ich zugleich eine meiner eigenen. Und mit jeder neuen Erfahrung fand ich auf unglaubliche Weise dort Heilung, wo es sich so viele Jahre wie ein brachliegendes, ödes Land angefühlt hatte.

Ja, es ist schwer, Verluste und eigenes Versagen zu akzeptieren. Doch wenn wir das tun, kann Gott diese Erfahrung für uns zum Guten einsetzen.

Bei jedem Menschen, der schon ein paar Jahrzehnte in dieser kaputten Welt gelebt hat, gibt es Bereiche im Leben, die er vor anderen verschlossen hält, sogar vor Gott. Das sind die empfindlichen Stellen in unseren Herzen; wir fürchten, sie könnten zerbrechen, wenn jemand sie anrührt. Doch oft möchte Gott, dass wir gerade diese Wüstenorte für den Dienst an anderen Menschen gebrauchen.

Wir erfahren manchmal selbst Heilung und erleben Gottes Fürsorge, wenn wir Risiken eingehen und uns für die Veränderung öffnen, indem wir freiwillig die Wüste im Leben eines anderen Menschen betreten.

Eine Frage der Perspektive

Jordan Spieth ist ein Golfprofi der *PGA Tour,* der wichtigsten Golf-Tour der USA, und war bereits die Nummer 1 der Weltrangliste. Das *Time Magazine* hat ihn zu den „100 einflussreichsten Menschen" gezählt und ihn als jemanden beschrieben, der „für all das steht, was am Sport gut ist"[34].

Ich habe Spieth schon beim Spiel zugeschaut und dabei ist mir aufgefallen, dass er in jedem Interview, bei dem es um seinen Erfolg geht, von „uns" und „unserem Team" spricht. Das ist ungewöhnlich bei einer Einzelsportart. Doch Spieth weist immer wieder darauf hin, dass seine Eltern, sein Caddy, seine Trainer und seine Berater alle etwas zu seinem Spiel beitragen. Seine „Hauptinspiration", so sagt er, sei jedoch seine Schwester Ellie, die unter Autismus leidet. Ihr habe er mehr zu verdanken als allen anderen. Sie ist auch immer die Erste, die er nach einem Sieg umarmt. In einem Interview hat er einmal gesagt: „Ich versuche immer, so oft wie möglich nach Hause zu kommen, damit ich bei ihr sein und mich neu auf Spur bringen lassen kann ... Sie rückt meine Perspektive zurecht, denn sie kann sich auch an den kleinsten Dingen freuen."[35]

Ellis „Wüstensituation" sorgt dafür, dass Spieth, dieser hochbegabte junge Mann, nicht die Bodenhaftung verliert. Er könnte sonst leicht vom Rampenlicht geblendet werden. Aber so weiß er, dass es im Leben um mehr geht als um den Sieg in einem Spiel.

In dem Unternehmen, das ich derzeit leite, werden Filme produziert. Ich selbst habe sehr viel von dem talentierten Team gelernt, das unsere Drehbücher schreibt, Regie führt, Rollen übernimmt und die Filme bearbeitet. Eine der wichtigsten Tatsachen, die ich dabei entdeckt habe, lautet: Ein Film besteht nicht nur aus einer einzigen Einstellung. Am Anfang hat man vielleicht eine Idee für eine bestimmte dramatische Szene oder einen großartigen Dialog. Doch worauf es wirklich ankommt, ist, dass das Ganze zu einer stimmigen *Einheit* wird.

Unser Leben kann man mit einem Film vergleichen. Eine einzige Szene daraus mag blendend hell sein, wie zum Beispiel ein Sieg bei der PGA-Tour. Oder sie ist öde und fast schon hoffnungslos. Bedrohliche Schatten lauern am Rand des Bilds – die Vorboten eines verheerenden Sturms. Bei all dem sollten wir aber bedenken, dass es nur einzelne Ausschnitte eines viel größeren Kunstwerks sind. Gott hat schon den ganzen Film vor Augen und er allein weiß, wie sich die Schatten der Enttäuschung und des Verlusts auf unsere Zukunft auswirken werden.

Wenn das Leben uns Wüstenerfahrungen auferlegt, dann kommen diese für uns immer unerwartet und unerwünscht. Die Belastung durch den Tod eines lieben Menschen oder den Verlust unseres Arbeitsplatzes kann uns schlaflose Nächte bereiten. Bestimmte Ereignisse scheinen unsere ganze Welt zu bestimmen. Doch wenn wir uns klarmachen, dass auch sie nur kleine Ausschnitte aus einer größeren Geschichte sind, dann können sie unseren Blick auf die ewigen Dinge richten, die wirklich von Bedeutung sind. Am Ende sind unser Haus, unser Beruf und sogar unsere Familie nur etwas Vorübergehendes. Nur Gott allein ist ewig. Nur er weiß, wie eine bestimmte Zeit unser Leben – und das anderer Menschen – für immer verändern wird.

Als Kind meinen Vater zu verlieren, war ein niederschmetterndes Erlebnis für mich. Aber wenn ich aus einer anderen Perspektive zurückschaue und erkenne, wie es mich darauf vorbereitet hat, das Leben von sieben jungen Männern zu prägen, dann sehe ich diesen Verlust in einem neuen Licht. Meine Wüste sollte Gottes Zielen dienen.

Was geschieht, wenn wir Farbe bekennen

Vor vielen Jahren war ich Manager in einer Firma, in der ein paar Leute sich eine Machtposition aufgebaut und miteinander verbündet hatten. Es war eine vergiftete Atmosphäre voller Intrigen und Beziehungen, die nur dem Ziel dienten, anderen zu schaden und deren Karrieren zu zerstören. Besonders eine Frau nutzte ihre Stellung, um an die privaten und geschäftlichen Daten des Leitungsteams heranzukommen, zu dem auch ich gehörte. Sie begann Gerüchte über mich zu erzählen, Lügen und Andeutungen zu verbreiten. Andere ließen sich mit hineinziehen, und so wurde das Büro tagtäglich zu einem unangenehmen, ja gefährlichen Ort.

Am Anfang wurde ich wütend. Ich war entschlossen, mich selbst zu verteidigen und die Dinge klarzustellen, doch meine defensive Strategie vermischte sich mit Hassgefühlen. Als Führungskraft hatte ich immer wieder den Gedanken: *Ich habe das Recht, diese Leute zu feuern.*

Aber die Worte Christi löschten diese Gedanken aus: „Liebt eure Feinde, und betet für die, die euch verfolgen" (Matthäus 5,44).

Diese Worte hörte ich zwar gern, jedoch lieber in irgendwelchen Andachten als in der Hitze des Gefechts, vor allem wenn es bei dieser Schlacht um persönliche Ziele ging. Ich wollte Gerechtigkeit. Ich wollte Rache.

Aber Gott ließ nicht locker. Immer wieder klopfte er an die Tür meines Herzens und bat mich zu vergeben, statt zurückzuschlagen. Widerwillig begann ich, für die Situation und die Beteiligten zu beten. Ich fing an, auf die Frau zuzugehen, die sich gegen mich verschanzt hatte. Ich bezog sie in Planungstreffen ein, bat sie in verschiedenen Angelegenheiten um Rat und bemühte mich, positiv zu sein und ihr entgegenzukommen.

Eine Zeit lang blieb alles beim Alten. Doch eines Tages geschah etwas Erstaunliches. Die Frau kam zu mir und zeigte mir ein Bild von ihr, das Jahre zuvor aufgenommen worden war. „Das bin ich", sagte sie und zeigte mir das Foto einer Frau, die etliche Kilogramm mehr wog. Plötzlich stürzten die Mauern des Misstrauens ein. Und mit ihnen verschwand auch der Hass. Ich begriff, dass sie auf mich zugehen und mich um Verständnis, Mitgefühl und vielleicht auch um Vergebung bitten wollte.

Das Ganze war ein schmerzhaftes Kapitel in meinem Leben und doch bleibt es mir auch positiv im Gedächtnis. Denn es erinnert mich daran, dass Gottes Kraft unsere selbstsüchtigen

Herzen in großzügige verwandeln kann, wenn wir uns seiner barmherzigen Liebe zu uns bewusst werden.

Solche Gelegenheiten, anderen Gutes zu tun und ihnen Hoffnung zu schenken, gibt es häufiger, als wir denken. Während ich dieses Kapitel schrieb, sagte meine Frau Lisa zu mir, sie wolle gleich eine Freundin besuchen. Ihre Freundin häuft wie verrückt Dinge an und hatte Lisa kurz zuvor erzählt, ihre Tochter habe keinen Platz mehr, um ihre Hausaufgaben zu machen. Lisa begab sich sofort in diese Wüste hinein und verbrachte einen ganzen Tag damit, einen einzigen Raum, das Esszimmer, aufzuräumen, damit die Familie einen Ort hatte, wo sie essen und arbeiten konnte. Die Freundin weinte Freudentränen, als sie damit fertig waren.

Oder ein anderes Beispiel: Ein Freund und Geschäftspartner hat vor Kurzem seine Frau verloren. Statt zum Telefonhörer zu greifen oder ihm eine E-Mail zu schreiben, um unsere gemeinsamen Projekte zu besprechen, lud ich ihn zum Frühstück ein. Er wohnt am anderen Ende der Stadt. Also fuhr ich vierzig Minuten hin und zurück für ein Treffen, das nur eine halbe Stunde dauerte. Ich wollte ihm nämlich persönlich begegnen, ihn umarmen, ihm in die Augen schauen und ihm in seiner Wüste beistehen.

Es gab Zeiten in meinem Leben, in denen ich so etwas niemals getan hätte. Als meine Identität noch voll und ganz vom Marktplatz bestimmt war, maß ich jede Minute meiner Zeit in Dollars. Ich redete von Prioritäten, Outsourcing und Multitasking. Ich überlegte, ob es sich lohnte, unterwegs meine Kleider aus der Reinigung zu holen, oder ob ich nicht lieber etwas Wichtigeres tun sollte. Doch mit der Zeit zeigte Gott mir, dass es nichts Wichtigeres gibt als das, wozu er mich aufruft, und dass nichts wichtiger ist als die Menschen, denen ich dienen soll. Wenn wir der Wüste mit einem bewussten Gebet begegnen, einem offenen Herzen und einer dienenden Einstellung, dann ist nichts, was wir in seinem Namen tun, zu klein, um von Wert zu sein.

Der Gedanke, anderen zu begegnen und sich mit ihnen zusammenzuschließen, um Gottes Ziele zu erreichen, ist ein machtvolles Konzept. Wir werden uns im nächsten Teil des Buches näher damit beschäftigen. Immer wieder hat Gott persönliche Begegnungen benutzt, um mich auf eine tiefere Ebene der Verwundbarkeit zu führen, um mir zu zeigen, wie ich neu vertrauen kann, und um mich erkennen zu lassen, dass er nicht nur mein Herr ist, sondern auch der Erneuerer meines Lebens.

Was ist deine Ausrede?

Im Jahr 1996 war meine Heimatstadt Atlanta im US-Bundesstaat Georgia Gastgeberin der Olympischen Spiele und auch der danach stattfindenden Paralympischen Spiele, in denen Sportler mit körperlichen Behinderungen gegeneinander antreten. Der Werbeslogan für die Paralympics blieb bei mir haften: „Was ist deine Ausrede?" Die Worte prangten auf Fotos von Kurzstreckenläufern, die hundert Meter mit Prothesen liefen, oder von Basketballspielern im Rollstuhl und Schwimmern mit fehlenden Gliedmaßen.

Zu der Zeit verstarb Mary, eine langjährige Freundin unserer Familie, und ich wurde gebeten, bei ihrer Trauerfeier eine Ansprache zu halten. Als ich vor ihrer Gemeinde stand, sagte ich: „Mary ist jetzt im Himmel und sie würde uns bestimmt die Frage stellen: Was ist eure Ausrede?"

Zu meiner Überraschung sprach mir die Gemeinde die Frage nach: „Was ist unsere Ausrede?" Ihre engagierte Beteiligung ermutigte mich weiterzufragen: „Ist euer Job eure Ausrede?"

Die Gemeinde antwortete: „Unser Job."

„Sind eure Ehepartner eure Ausrede?"

„Unsere Ehepartner."

Und so ging es erstaunlicherweise noch eine ganze Weile weiter.

Tatsächlich haben wir alle unsere Ausreden. Wir klammern uns an Bereiche unseres Lebens, wo Ängste und Verletzungen aus der Vergangenheit immer noch schmerzen. Wir leben an Orten, die von der Mangelmentalität bestimmt sind, und glauben, wir hätten nicht genug, um anderen etwas abzugeben. Und doch sind das gerade die Orte, an denen Gott uns am intensivsten gebrauchen möchte, auf eine Weise, die wie nichts anderes unser Leben verändert und uns Freiheit schenkt. Der richtige Umgang mit unserem Schmerz, unserer Schwachheit, unseren Verlusten und unserem Versagen ist genauso wichtig wie der richtige Einsatz unserer Stärken und Gaben – vielleicht sogar noch wichtiger.

Der Apostel Paulus schreibt, dass Gottes Kraft gerade in Schwachheit zur vollen Auswirkung kommt (2. Korinther 12,9). Was wäre, wenn wir uns wie die paralympischen Helden die Kraft zunutze machen würden, die hinter unserer Schwachheit steckt?

Die meiste Zeit meines Lebens bestand die Wüste für mich in den Bereichen, in denen ich mich einsam fühlte und Angst hatte. Sie stand für Tod, Behinderung, Verlust und fehlende Kontrolle. Erst als ich mich mit dem Gedanken an eine Wüste anzufreunden begann, in der Gott mir eher etwas gibt, als dass er mir etwas nimmt, fand ich die Fülle, die er all denen schenkt, die zu ihm kommen.

Um zu verstehen, wie Gott für uns sorgt, müssen wir lernen, mit unseren Herausforderungen umzugehen und die Wüste im Leben anderer Menschen zu betreten. Nur wenn wir bereit sind, die Möglichkeiten zu sehen, die in den einsamsten Orten stecken, wenn wir bereit sind, Gott all das zu überlassen, was uns auf den ersten Blick hoffnungslos erscheint, kann er uns wirklich ganz und gar gebrauchen.

Ist das leicht? Nein. Es ist nur dann möglich, wenn wir uns auf Gottes Kraft verlassen, von seiner Gnade abhängig sind und eine Gemeinschaft mit einbeziehen, damit sie uns unterstützt.

Wenn Gott etwas zerbricht, dann tut er das mit einer bestimmten Absicht. Vielleicht erkennen wir nicht sofort, worin diese besteht, aber Gott möchte aus unserem Verlust etwas Positives machen, das uns und anderen zum Segen wird. Dies zu verstehen, ist vielleicht eine der schwersten Aufgaben unseres Lebens. Aber es ist auch eine der bedeutsamsten. Unser Schmerz birgt eine noch unerschlossene Kraft in sich – eine Kraft, die viel mehr Leben verändern kann als nur unser eigenes.

Gottes Rhythmus der Fürsorge für Sie: an den Herausforderungen wachsen

Schmerz und Leidenschaft sind oft „nahe Verwandte". Es heißt, wir könnten uns alle entscheiden, ob wir „besser" oder „bitter" werden wollen. Allerdings können wir nicht wirklich besser werden, wenn wir Gottes Liebe oder seinen Plan nicht verstanden haben.

In den vorangegangenen Kapiteln haben wir uns mit Endprodukten und Rohstoffen beschäftigt. Mit unserem Verstand können wir begreifen, dass die meisten Produkte, die wir kaufen, den Herstellungsprozess der Trennung und Reinigung durchlaufen müssen. In Teil 2 und 3 dieses Buches wurde deutlich, dass sich in diesem physikalischen Prozess das geistliche Wachstum widerspiegelt, durch das Gott uns hindurchführen möchte (dass wir unser Leben Gott weihen und Herausforderungen meistern).

Bitten Sie Gott, Ihnen eine neue Perspektive für Ihren Schmerz und Ihre Herausforderungen zu schenken. Möge er Ihren Schmerz verwandeln in die Leidenschaft, anderen Menschen zu helfen.

Teil 4

Gemeinschaft leben

Jesus nahm die Brote, dankte Gott dafür und *ließ sie unter die Menge austeilen.* Mit den Fischen machte er es genauso, und jeder aß, so viel er wollte.

Johannes 6,11;
Hervorhebung durch den Autor

Kapitel 7

Im richtigen Orbit?

Die Rolle der Gemeinschaft

Eine der denkwürdigsten Golfpartien, die ich je gespielt habe, fand in Castle Pines, Colorado, statt. Ein Kunde lud mich zu einem sehr angesehenen Turnier ein. Dort spielen immer vier Amateure mit einem Profi zusammen 18 Bahnen. Am Abend davor wurden die Teilnehmer ausgelost. Ich erfuhr, dass Jack Nicklaus mein Partner sein würde – einer der größten Golfspieler aller Zeiten.

In der Nacht vor dem Turnier schlief ich nicht besonders gut; dennoch spielte ich am nächsten Morgen mit einem meiner Helden eine recht ansehnliche Partie von 18 Bahnen. Am Rand jeder Spielbahn reihten sich die Fans auf und bevölkerten auch alle Bereiche rund um die Löcher. Als wir am 18. Loch ankamen, gab es einen regelrechten Menschenauflauf und die Menge begann zu rufen: „Jack! Jack! Jack!"

Ich blickte lächelnd über die Menschenmenge, genoss das Gefühl, so angefeuert zu werden, und schien in diesem Moment ein paar Zentimeter zu wachsen. Doch eine halbe Sekunde später wurde mir klar, dass die Bewunderung nicht mir galt – die Leute meinten den anderen Jack …

Seit wir Menschen außerhalb des Gartens Eden leben, haben wir mit der Versuchung zu kämpfen, uns selbst als den Mittelpunkt des Universums zu betrachten, als den Star jeder Veranstaltung. Dieses überhöhte Selbstwertgefühl kann uns auch dann ereilen, wenn wir am wenigsten damit rechnen, sogar wenn wir in bester Absicht handeln.

In meinen Jahren als Konzernleiter war ich dafür verantwortlich, Mitarbeiter einzustellen, zu bezahlen oder auch zu entlassen. Folglich war es nicht überraschend, dass manche mir mit einer gewissen Unterwürfigkeit gegenübertraten. Meine Position machte mich zum Mittelpunkt ihres Berufslebens und entsprechend begegneten sie mir auch. Ich muss zugeben, dass ich diese Aufmerksamkeit damals durchaus angemessen fand. Die Macht, die meine berufliche Stellung mit sich brachte, sah ich als einen Teil des Segens an, den Gott mir zudachte, weil ich ihm diente. Doch im Rückblick muss ich sagen, dass all die Aufmerksamkeit, die man mir entgegenbrachte, mich auch ablenkte und sogar in die falsche Richtung führte.

Wenn man mich damals gefragt hätte, inwiefern ich Gott diente, dann hätte ich geantwortet: „Ich setze mein Talent als Geschäftsmann ein, um erfolgreiche Unternehmen aufzubauen. Ich investiere in diese Unternehmen, und wenn ich Gewinne mache, gebe ich von dem Geld so viel wie möglich an Gemeinden und seriöse christliche Organisationen ab." Mit anderen Worten: Ich setzte *meine* Zeit, *mein* Talent und *mein* Vermögen ein, um *meinen* Besitz zu vergrößern, und gab dann einen Teil *meines* Besitzes an Gott ab, damit er es für sein Reich einsetzen konnte.

In diesem Denken steckte ziemlich viel von *mir selbst* – und wenig von Gott.

Ich hatte zwar gute Absichten, aber mir fehlte ein wichtiges Detail – *das* wichtigste Detail, wie sich herausstellte –, nämlich Gottes Verheißung der Fülle und sein höchstes Ziel für mein Leben.

Das alles verstand ich nicht wirklich, bis Gott anfing, meine Vorstellungen von Erfolg und Dienen zu hinterfragen. Er brachte Menschen wie Pierce in mein Leben, den Jungen, der einen Vater brauchte und keinen Scheck. Oder Natasha, die Güte und Freundlichkeit brauchte, damit die Wunden ihrer zerbrochenen Beziehungen heilen konnten, genau wie sie eine Überweisung zum Zahnarzt nötig hatte, damit sie wieder strahlend lächeln konnte. Von ihnen und von vielen anderen lernte ich, das ganze Bild dessen zu sehen, wie Gott für seine Geschöpfe sorgt.

Die vierte Handlung Jesu

Wir haben bereits gelesen, wie Jesus das Brot nahm, es Gott weihte und in Stücke brach. Doch damit war das Wunder noch nicht vorüber. Alle Evangelien berichten noch ein Weiteres: Jesus teilte sein Geschenk mit anderen.

Diese Aktion klingt so selbstverständlich, dass man sie leicht überliest. Wir denken: Na klar gab er das Essen an die Leute weiter. Es wäre ja schließlich kein großes Wunder gewesen, wenn er es für sich behalten hätte.

Doch seien wir nicht voreilig. Denken wir einmal einen Augenblick darüber nach, wie schwierig es gewesen sein muss, fünfzehntausend Menschen mit Essen zu versorgen. In Matthäus 14,19 heißt es, Jesus „gab [das Brot und die Fische] den Jüngern, und die Jünger verteilten sie an die Menge".

Das muss eine ganze Weile gedauert haben. Wahrscheinlich waren die Jünger erschöpft ... und hungrig. Was wäre passiert, wenn sie dem Knurren ihres Magens gefolgt wären, das Brot aus der Hand von Jesus empfangen und es sich sofort selbst in den Mund gestopft hätten? Was wäre gewesen, wenn sie das Geschehene als ganz privates Wunder betrachtet hätten, als Geschenk, das nur für sie gedacht war?

Wenn sie sich selbst in jenem Moment als Mittelpunkt des Universums gesehen hätten?

Das Wunder hätte sich nicht entfalten können.

Mit anderen Worten: Dass Jesus die Menschen überreich versorgen konnte, hing davon ab, ob die Gemeinschaft um ihn herum bereit war, sich gegenseitig zu dienen und das Empfangene großzügig weiterzugeben.

Und so ist es auch heute noch.

Der vierte und letzte Aspekt der Fürsorge Gottes führt uns aus unserer eigenen Welt heraus und in die Gemeinschaft hinein, die uns umgibt. Wir empfangen gerade dann Gottes reichen Segen und seine Fürsorge, wenn wir andere segnen und für sie sorgen.

Unsere Versorgung und sogar Wunder geschehen oft durch die Gemeinschaft. Vielleicht auch durch neue Menschen. Neue Situationen. Neue Türen, die sich öffnen und von denen wir vorher nichts geahnt haben. Wir sollten uns auf diese neuen Beziehungen mit Glauben und Mut einlassen, in dem Wissen, dass Gott etwas Neues für uns bereit hat. So wie das Wunder mit dem Brot und den Fischen ohne die Menschenmenge nie hätte geschehen können, so geschieht auch unsere Versorgung selten ohne neue Leute und neue Lebensumstände.

Unter all den Aspekten von Gottes Fürsorge, die wir in diesem Buch betrachtet haben, ist dieser hier der reichste, denn er umfasst nicht nur unsere individuelle Beziehung zu Gott dem Schöpfer, sondern auch unsere Beziehungen zu unseren Mitgeschöpfen.

Dieser Aspekt ist auch am schwierigsten zu verwirklichen, vor allem in schweren Zeiten. Das Gefühl des Mangels und der Furcht führt dazu, dass wir uns in unser Schneckenhaus zurückziehen und unsere Verbindung zu anderen einschränken. Doch das ist genau das Gegenteil von dem, was Gott von uns möchte.

Ein Leben in der Umlaufbahn

Ich lese gern Berichte über neue Erfindungen, Entwicklungen und Wege, auf denen Menschen unsere Möglichkeiten erforschen. Dabei ist mir aufgefallen, dass menschliche Entdeckungen oft auf einem Prinzip oder Plan beruhen, den der jeweilige Entdecker in der Natur beobachtet hat. Wussten Sie zum Beispiel, dass die Pläne für das Flugzeug der Brüder Wright durch im Flug ausgebreitete Taubenflügel inspiriert waren? Oder dass einer der Erfinder der Spritzennadel seine Idee vom Stachel einer Biene abgeleitet hat?

Diese Nachahmung von in der Natur vorkommenden Plänen, Vorgängen und Systemen wird *Bionik* genannt. Dutzende von Büchern und Internetseiten widmen sich diesem Thema. Sie erzählen Geschichten wie die des Erfinders von Klettverschlüssen: Er hatte sich durch die Kletten inspirieren lassen, die sich im Fell seines Hundes verfangen hatten. Die Technologie farbiger E-Book-Reader und anderer Displays ist durch die leuchtenden Farben von Schmetterlingsflügeln beeinflusst. Die Fellhaare von Eisbären, die innen hohl sind, um in den arktischen Wintern extra viel Wärme und Isolation zu erzeugen, bildeten die Inspirationsquelle sowohl für Solarkollektoren als auch für Textilien. Das Schwarmverhalten von Bienenvölkern lieferte die Idee für Internetserver-Netzwerke, die mehrere Programme gleichzeitig ausführen können, sowie für effizient vernetzte Heiz- und Kühlsysteme.[36]

Diese Entdeckungen haben unser Leben verändert und ich vermute, dass noch Millionen weitere darauf warten, von uns aufgespürt zu werden. Die besten menschlichen Erfindungen sind eine Nachahmung der Natur, so wie auch wir, wenn es gut läuft, unseren Schöpfer nachahmen, der uns nach seinem Bild geschaffen hat.

Diese Schlussfolgerung liegt nicht jedem Menschen nahe. Nicht alle Erfinder geben Gott für ihre Entdeckung die Ehre, so wie nicht alle Menschen es akzeptieren können, dass sie Teil eines göttlichen Plans und Ziels sind. Wir meinen, einzigartige und unabhängige Kreaturen zu sein, die an der Spitze der Evolutionskette stehen, für sich selbst sorgen und ihre Umwelt managen. Wie Kleinkinder, die alles selber machen wollen, behaupten wir, es ganz allein zu schaffen.

Doch der Schlüssel zu unserer Versorgung liegt nicht in unseren eigenen Instinkten und Fähigkeiten, sondern darin, Gott nachzuahmen.

In seinem wichtigen Buch *Warum Gott?* stellt Timothy Keller das komplexe Konzept der Trinität dar, der Dreieinigkeit Gottes, die für Christen seit Jahrhunderten ein Rätsel ist. Kellers Erklärung hat mein Denken zu diesem Thema stark beeinflusst. Er legt dar, dass die Trinität in erster Linie und von ihrem Wesen her eine Beziehung ist. Aus ihr entstammt das Idealbild der menschlichen Liebes- und Beziehungsfähigkeit. Der Vater, der Sohn und der Heilige Geist sind voneinander zu unterscheidende, eigenständige Wesen und doch sind sie voneinander abhängig und tief miteinander verbunden. Keller spricht davon, dass sie immer auf den anderen bezogen sind: „Jede der drei Personen [der Dreieinigkeit] kreist um die anderen, keine erwartet, dass die anderen sich um sie drehen." Gott ist also seiner Natur nach zutiefst ein Beziehungswesen.[37]

Und wenn wir nach seinem Bild leben, sind wir es auch.

Keller beschreibt die gegenseitige „Liebe, Freude und Bewunderung" innerhalb der Trinität als einen Tanz. Die frühe christliche Kirche verwendete für dieses Zusammenspiel den griechischen Begriff *perichoresis,* aus dem sich unser Wort *Choreografie* entwickelt hat – die Kunst, Tanzschritte und -bewegungen zu entwerfen. Bei diesem Tanz befinden sich die Personen der Dreieinigkeit in einer konstanten, sich gegenseitig beeinflussenden Umlaufbahn. Es ist ein Bild dafür, wie wir uns in unserer Beziehung zu Gott und zu anderen Menschen verhalten sollen.

Als ich zur Schule ging, lernten wir, dass Planeten die Sonne umkreisen und Monde wiederum die Planeten. Später erfuhren wir, dass jede Substanz im Universum – ob fest, flüssig oder gasförmig – aus Atomen besteht und jedes Atom einen Kern hat, der von Elektronen umkreist wird. Jedes System, von den kleinsten Bausteinen des Lebens bis zu den größten Systemen des Universums, ist so angelegt, dass es sich um einen Mittelpunkt herum bewegt und diesen unterstützt. Wenn auch nur ein Teil diese Umlaufbahn verlässt – wenn ein Planet aufhört, seinen Stern zu umkreisen, oder ein Elektron sich nicht mehr um den Kern herum bewegt, verändert sich das ganze System grundlegend. Man könnte sagen, dass es dann nicht mehr dieselbe Kapazität besitzt.

Auch wir Menschen sind so angelegt, dass wir uns in einer Umlaufbahn bewegen, wobei unser Mittelpunkt der Schöpfer selbst ist und die Menschen, die er geschaffen hat.

Bevor Adam und Eva sich für die Sünde entschieden, lebten sie allein für Gott. Ihre ganze Existenz drehte sich um die Zeit, die sie mit ihm im Garten Eden verbrachten, und um die Aufgaben, die er ihnen übertragen hatte. Es gab keinen Schmerz und keinen Verlust. Doch als die beiden beschlossen, Gott nicht mehr zu gehorchen – als sie anfingen, das zu tun, was sie wollten, und nicht mehr das, was er wollte –, gerieten sie aus ihrer natürlichen Umlaufbahn. Die Sünde drang in ihr Leben ein und brachte den Egoismus mit sich.

Wir Menschen ließen uns von der Illusion bestimmen, unabhängig und getrennt von unserem Schöpfer zu sein, und so begannen wir, uns um die Götzen zu drehen, oder wir erwarteten, dass sich alle Menschen und Dinge um uns drehten. Der Narzissmus bekam uns in den Griff und unsere sündige Natur verleitete uns dazu, nur noch an unsere eigenen Wünsche und Bedürfnisse zu denken.

Eine der deutlichsten Auswirkungen dieser Selbstzentriertheit war unser allmähliches Abgleiten in den Säkularismus. Nachdem wir den Schöpfer aus dem Zentrum unseres Lebens entfernt hatten, war es nicht mehr so schwierig, ihn auch aus dem Zentrum unserer Gesellschaft zu verdrängen. Früher befanden sich die Kirchen wortwörtlich im Mittelpunkt der Stadt, dort wo die Leute sie sehen konnten; sie waren die Kanäle, durch die menschliche Gemeinschaften sich fortentwickeln konnten und durch die Hilfe geleistet wurde. Doch heute scheinen unsere Gotteshäuser manchmal eher der Unterhaltung ihrer Mitglieder zu dienen, als dass durch sie der Kontakt zu Gott und zur Gemeinschaft in der Umgebung hergestellt wird.

Die eingebaute Großzügigkeit

Da wir nach dem Bild Gottes geschaffen sind und der Beziehungs- und Gemeinschaftsgedanke zum Kern des Wesens Gottes gehört, ist er auch in uns angelegt.

Neurologen und Verhaltensforscher haben inzwischen solide Beweise dafür, dass das menschliche Gehirn für Beziehungen und Großzügigkeit geschaffen ist. Gott wollte, dass sich in uns das großzügige Wesen unseres großen Gebers widerspiegelt.

Im Jahr 2013 erschien im *Wall Street Journal* ein Artikel der Wissenschaftsjournalistin Elizabeth Svoboda, in dem sie von neuen Erkenntnissen aus dem Gebiet der Neurobiologie berichtete. Mehr als ein Jahrhundert lang waren Wissenschaftler davon ausgegangen, das Evolutionsmodell vom Überleben des Stärkeren habe die Menschen zu einem immer größeren Konkurrenzkampf angespornt. Wer andere in Bezug auf Nahrungsmittel und Fortpflanzungspartner dominieren konnte, hatte die größten Chancen, seine Gene weiterzuvererben. Doch wenn dies der Fall wäre, wie ist dann der menschliche Altruismus zu erklären? Charles Darwin konnte auf diese Frage nie eine gute Antwort liefern. Doch die neuesten Forschungen zeigen, dass Großzügigkeit in unserem Gehirn dieselbe Befriedigung auslöst wie unsere Primärbedürfnisse nach Nahrung und Sex. In dem Artikel heißt es: „Wo es vorher nur Spekulationen über den Ursprung der menschlichen Hilfsbereitschaft gab, wird diese Lücke nun allmählich durch Daten gefüllt, die zeigen, welche Schlüsselvorgänge der biologischen Hardware den Altruismus ermöglichen."[38]

Während die Forscher keine besonderen Schlüsse daraus ableiteten, warum wir Menschen dieses einzigartige Verhalten an den Tag legen, war die Antwort für mich klar: Gott hat uns so geschaffen, dass wir anderen etwas geben und mit ihnen teilen. Großzügige und opferbereite Verhaltensweisen scheinen auch die Produktion des Hormons Oxytocin anzuregen, das zu einer Bindung und engeren Gemeinschaft zwischen Menschen führt.

Der Artikel ließ mich an ein Erlebnis denken, das ich vor vielen Jahren hatte, als unsere Familie sich beim Aufbau eines Begegnungszentrums in Mexico City engagierte. Das Gebäude wurde auf einer ehemaligen Mülldeponie errichtet, wodurch es zu einem wunderbaren Symbol der Erneuerung wurde: Wo man einst Müll abgeladen hatte, entstand nun ein Ort der Begegnung für die Menschen dieses Stadtteils.

Als ich das Zentrum besuchte, lernte ich Juan kennen, der gegenüber wohnte. Er lud mich zum Abendessen in sein Haus ein und ich nahm die Einladung an. Ich konnte sehen, dass seine Familie unvorstellbar arm war, und doch stellten sie an jenem Abend ein üppiges Mahl vor uns auf den Tisch. Das Essen schmeckte wunderbar und wir verbrachten einen schönen Abend mit intensiver Gemeinschaft und guten Gesprächen.

Als ich später einem Freund von dem fantastischen Mahl vorschwärmte, sagte er: „Das sind stolze Menschen und es ist wichtig für sie, dass sie dir die höchste Form der Gastfreundschaft erweisen. Wahrscheinlich haben sie ein Drittel ihres Monatseinkommens für diese eine Mahlzeit ausgegeben."

Ich war schockiert und beschämt. Unter großen persönlichen Opfern hatten diese Menschen mit mir geteilt, und zwar nicht ihren Überfluss, sondern das Wesentliche. Eigentlich hatten sie nichts abzugeben, und doch erfüllte der Akt des Schenkens sie mit Freude.

Wir sind also so angelegt, dass wir umeinanderkreisen und uns gegenseitig beschenken.

Ein Abenteuer im Orbit

Im Jahr 2002 gab Gott mir eine neue Lebensaufgabe. Und das begann, wie so oft bei ihm, indem er die Götzen demontierte – wie zum Beispiel meine Beziehungen und meine Arbeit –, in denen ich Sicherheit fand und die mich davon abhielten, mich ganz auf ihn einzulassen.

Der neue Lebensabschnitt begann während eines Treffens mit meinem Chef, dem Vorsitzenden unseres Unternehmens. Innerhalb von fünfzehn Jahren hatten wir aus der kleinen Firma, die mit uns beiden begonnen hatte, einen Betrieb mit über 6000 Beschäftigten gemacht. Nun eröffnete er mir, er wolle das Unternehmen um das Doppelte vergrößern und Tochterunternehmen im Ausland gründen. Die Möglichkeiten dazu waren vorhanden und ich stimmte mit ihm überein, dass die Firma in einer guten Wachstumsposition war.

Und doch konnte ich innerlich nicht mitgehen.

Ich verließ unsere Besprechung in der Gewissheit, dass ich nicht tun konnte, was mein Chef von mir verlangte. Nach dem Selbstmord meines Freundes George hatte ich mit Depressionen und Erschöpfungszuständen zu kämpfen gehabt. Ich hatte einfach nicht die seelischen Ressourcen, um zwei Unternehmen zu führen, eine so intensive Expansion zu begleiten und gleichzeitig die wachsende Anzahl von Hilfe suchenden Menschen zu betreuen, die Gott in mein Leben führte. Also ging ich auf die Knie und betete: „Herr, ich möchte mehr von dir und von deinem Reich."

Gottes Führung folgend kündigte ich meinen Job, ohne einen genauen Plan zu haben, was ich als Nächstes tun sollte. Ich wusste nur, dass ich Strategien entwickelt hatte, um die Unternehmen, die ich leitete, zum Erfolg zu führen. Nun hörte ich, wie Gott zu mir sagte: „Jack, ich möchte, dass du deine Fähigkeiten einsetzt, um anderen Menschen zum Erfolg zu verhelfen."

Ich probierte daraufhin Verschiedenes aus, doch nichts davon bewährte sich. Dann hörte ich eine Predigt von Kevin Myers, dem Pastor einer Gemeinde in Georgia. Diese Botschaft veränderte mein Leben und brachte mich in eine neue Umlaufbahn. Die Predigt trug den Titel: „Becher, Manschetten und Servietten", und sie lässt sich ungefähr so zusammenfassen:

Wenn wir uns irgendwo einen Kaffee zum Mitnehmen besorgen, erhalten wir in der Regel einen stabilen Becher aus Karton. Manchmal ist auch eine Manschette darum geschlungen, die unsere Hand vor der heißen Flüssigkeit schützt. Und falls wir etwas verschütten, gibt es immer ein paar Servietten zum Aufwischen.

Durch diese Predigt erkannte ich, dass die meisten von uns sich selbst bei dem Gedanken, wie Gott sie gebrauchen möchte, als eine Art Kaffeebecher sehen, der bereitsteht, um mit Chancen und Einfluss befüllt zu werden. Wir beten um die Gelegenheit, Einfluss zu nehmen, eine Plattform oder Reichtum zu haben, um auf diese Weise anderen zu helfen und Gottes Reich zu fördern. Wir halten uns selbst dabei für unentbehrlich. Schließlich braucht jeder, der Kaffee trinken will, auch einen Becher. Wo wäre Gottes „Kaffee", wenn es uns nicht gäbe?

Doch Gott möchte uns nicht immer als Kaffeebecher haben. Manche von uns sind eher wie Manschetten, die um einen Plastikbecher mit heißem Kaffee geschlungen werden, damit man ihn besser festhalten kann. Sie haben die Aufgabe, das heiße Gefäß zu stabilisieren und zu isolieren. Man braucht sie nicht unbedingt zum Kaffeetrinken, allerdings machen sie das Ganze etwas angenehmer. Manchmal möchte Gott nicht, dass wir die Person mit der Plattform sind, die alle Aufmerksamkeit auf sich zieht; manchmal sollen wir nur diejenigen unterstützen, die ganz vorn stehen.

Es kann schon etwas Demut erfordern, wenn man eine Manschette ist, aber es gibt eine dritte Art des Dienens, die noch weniger Anerkennung bekommt. Manche Diener in Gottes Reich kommen mit dem Kaffeebecher überhaupt nicht in Berührung. Sie sind diejenigen im Hintergrund, die anscheinend immer nur die Unordnung beseitigen, die andere angerichtet haben. Meistens bekommen wir sie gar nicht zu sehen, denn sie dienen Gott und ihrer Gemeinschaft Tag für Tag in aller Stille und außer Sichtweite. Sie erhalten nicht viel

Lob und Anerkennung für das, was sie tun, aber für Gott sind sie unschätzbar wertvoll. Sie sind die Servietten. Jesus sagt, wer unter seinen Jüngern groß sein wolle, der solle den anderen dienen; denn an erster Stelle stehen in seinem Reich die Sklaven (Matthäus 20,26-27).

Viele unter uns möchten gern ein Becher sein. Manche sind demütig genug, sich als Manschetten zu betätigen, um die Becher zu unterstützen und die Hitze auf sich zu nehmen. Doch nur wenige wollen Jesus so ähnlich werden, dass sie freiwillig als Servietten dienen – bereit, im Dienst für andere benutzt und weggeworfen zu werden.

Der Gedanke, andere zu unterstützen und ihre verfahrenen Situationen zu beseitigen, sprach mich zutiefst an. Ich verstand, dass die Rolle der Serviette eigentlich die wichtigste ist.

Meine Tage als Becher (in einer Führungsposition) schienen gezählt zu sein, nun sollten also meine Tage als Serviette und Manschette (in einer dienenden Rolle) beginnen.

Ich hatte mich immer für einen Opportunisten gehalten. Ich wusste Situationen und Netzwerke richtig einzuschätzen und darin Vorteile für mich zu erkennen. Doch jetzt sollte ich das Leben aus einer umgekehrten Perspektive betrachten: Ich sollte die Chancen für andere ausloten und für sie kreativ werden, egal ob dabei etwas für mich heraussprang oder nicht. Ich nannte diesen Vorgang „Selbstbenachteiligung". Gott vertraute mir die Saat der Gaben und Fähigkeiten anderer Menschen an; diese Saaten würden aufgehen, aber nur wenn ich bereit war, Gott zu vertrauen und sie auszusäen.

Zu jener Zeit litt Lisa vier Jahre lang unter einer seelischen Erkrankung, die sie zwischen Ängsten und Depressionen hin und her warf. Sie brauchte meine Fürsorge und meinen Einsatz, und so gab ich ihr die höchste Priorität in meinem Leben. Ein Höhepunkt unserer Ehe war der Tag, an dem sie mich umarmte und sagte: „Du bist eine fantastische Serviette."

Statt in Unternehmen zu investieren und nach finanziellen Gewinnen Ausschau zu halten, fing ich an, Organisationen zu dienen, die ich für unterstützenswert hielt. Dabei forderte ich keine Gegenleistung, es sei denn, man war mit dem Ergebnis zufrieden. Ich ging Partnerschaften mit christlichen Organisationen ein, die hoch verschuldet waren, und mit Freunden, die eine Geschäftsidee hatten, aber keine Erfahrung in Sachen Vermarktung. Nun brachte ich die geschäftlichen Fähigkeiten, die Gott mir geschenkt hatte, im Dienst für andere ein.

Jahr für Jahr baute ich neue Beziehungen auf. Ich verdiente auch den einen oder anderen Bonus, sodass ich den Lebensunterhalt meiner Familie bestreiten konnte. Und im Blick darauf, was es heißt, in der Umlaufbahn einer Gemeinschaft zu leben, lernte ich jeden Tag etwas Neues dazu.

Gottes Licht widerspiegeln

Damals auf dem Golfplatz in Colorado erfuhr ich, was es bedeutet, wenn ein kleines Licht – in diesem Fall ich – zufällig in die Umlaufbahn einer viel helleren Figur gerät, eines zentralen Objektes. Bei jenem Golfturnier stand nicht ich im Mittelpunkt. Doch als die Leute mich sahen, spiegelte sich bei mir etwas von der Leuchtkraft des viel berühmteren Jacks wider, so wie der Mond das Licht der Sonne reflektiert.

Idealerweise sind wir Menschen nichts anderes als die Reflektoren eines viel helleren Zentrums. Und unsere Rolle war nie so gedacht, dass wir für einen anderen Menschen zum Mittelpunkt des Universums werden. Stattdessen sollen wir bescheidene kleine Planeten sein, die einen Stern umkreisen, dessen Leuchtkraft all unsere Vorstellungen übersteigt.

Wenn ich heute jemanden kennenlerne, der viel Geld oder Einfluss besitzt und zugleich Christ ist, dann frage ich diese Person ganz gern, wie sie die Geschenke sieht, die sie empfangen hat. Macht sie sich Sorgen, dass ihre Stellung sie in Versuchung führt, sich auf sich selbst zu verlassen oder sich selbst als eigene „Sonne" zu betrachten? Ehrlich gesagt beantworten die meisten Leute meine Frage ohne jede Besorgnis. So wie ich früher, als ich mich selbst für so wichtig hielt, sehen sie ihr Geld und ihre Macht als Geschenk an und nicht als Hindernis. Und wenn sie den frommen Jargon beherrschen, dann erzählen sie, wie gesegnet sie sind und wie Gott ihre Stellung gebraucht hat, um ihnen eine „Plattform" zur Ausbreitung des Evangeliums zu geben.

Dieser Gedanke einer Plattform, mit der sich der Einfluss eines Menschen beschreiben lässt, ist seit vielen Jahren populär. Wer eine große Plattform hat, den kennen viele Leute und dem vertrauen sie. Denn er besitzt ihrer Meinung nach die Möglichkeit, seinen Bekanntheitsgrad zu nutzen, um das zu fördern, was ihnen wichtig ist.

Kurz nachdem ich in Australien Christ geworden war, lernte ich den Schlagzeuger einer Rockband kennen. Auch er war gerade erst zum Glauben gekommen und seine Band hatte einen Song veröffentlicht, der zum internationalen Hit wurde. Über Nacht verwandelte sich der junge Mann von einem unbekannten Künstler in einen weltweit bekannten und gefragten Musiker.

Der Drummer wollte gern eine Bibelschule besuchen, um seinen Glauben zu vertiefen. Doch andere, erfahrenere Christen versuchten, ihn davon zu überzeugen, in der Band zu bleiben. Sie meinten, das würde ihm eine großartige Plattform geben, von seinem Glauben an Christus weiterzuerzählen. Das sei, so sagten sie ihm, eine einmalige Chance für das Reich Gottes. Wahrscheinlich ließen sie auch durchblicken, dass es egoistisch sei, nicht ins Rampenlicht zu treten.

Schlussendlich aber erkannte der junge Schlagzeuger, dass es besser war, Gottes Willen zu folgen als den Meinungen der Menschen um ihn her. Er betete und Gott zeigte ihm, dass der Versuch, seine Plattform zu vergrößern, solange er noch so jung im Glauben war, seine Selbsteinschätzung und seine Identität gefährden würde.

Natürlich kann man seine Macht und seinen Einfluss nutzen, um etwas Gutes zu bewirken. Nicht jeder Musiker erhält dieselbe Berufung wie mein Freund damals. Viele Schauspieler setzen ihren Bekanntheitsgrad dafür ein, auf ernste globale Krisen oder soziale Probleme aufmerksam zu machen. Führende Unternehmer nutzen ihren Einfluss, um einen Wertestandard festzulegen, der sich positiv auf Angestellte, Aktionäre, Kunden und die Öffentlichkeit auswirkt.

Das Problem besteht jedoch darin, dass die meisten Plattformen sozusagen an der Bühne festgeschraubt sind. *Sie bewegen sich nicht.* Ich finde dieses Detail aufschlussreich. Wenn wir nämlich zu viel Zeit damit verbringen, über das nachzudenken, was uns an einem bestimmten Ort festnagelt, dann können wir nicht mehr den Einen umkreisen, der wirklich der Mittelpunkt aller Dinge ist.

Denken wir einmal über das Wort *Gemeinschaft* nach. Der lateinische Grundbegriff dafür lautet *communis* und bezeichnet etwas, „das allen gemeinsam ist". Der Gedanke der Gleichberechtigung und des gegenseitigen Respekts, der darin mitschwingt, drängt all die selbstgefälligen Ablenkungen beiseite, die unsere Plattformen, unser Reichtum oder unser „wohlverdienter" Einfluss uns bescheren. Wir können nicht der Mittelpunkt unseres Universums sein und trotzdem ein liebevolles, dienstbereites Herz besitzen.

Ein Perspektivwechsel

Wenn ich als Kind mit meiner Mutter in die Stadt fuhr und wir jemanden in Not sahen, ging meine Mutter an ihm vorüber und tat so, als ob sie ihn nicht bemerkte. Sie rechtfertigte diese Haltung mit einem Zitat aus 1. Mose 4,9 (L): „Soll ich meines Bruders Hüter sein?" Sie benutzte diesen Vers, um ihre Verpflichtungen anderen Menschen gegenüber zu begrenzen. Damals wusste ich nicht – und sie wusste es vielleicht auch nicht –, dass diese Worte erstmals von Adams und Evas ältestem Sohn Kain ausgesprochen wurden, und zwar als er versuchte, den Mord an seinem Bruder Abel zu vertuschen. Seine Unaufrichtigkeit wurde von Gott bestraft.

In Wirklichkeit ruft Gott uns tatsächlich dazu auf, Hüter unseres Bruders zu sein: „Helft einander, eure Lasten zu tragen!", schreibt Paulus in Galater 6,2. „Auf diese Weise werdet ihr das Gesetz erfüllen, das Christus uns gegeben hat."

Dieses tiefe und reiche Gebot ist der Kern des Planes, den Gott zu unserer Versorgung entwickelt hat. Er hat so den Schlüssel zu einem Leben der Fülle gegeben, der all unseren Intuitionen widerspricht. Denn hier geht es nicht darum, das richtige Gebet zu sprechen, durch das wir noch mehr materielle Güter bekommen. Es geht darum zu entdecken, dass wir dafür geschaffen sind, unseren Schöpfer zu umkreisen.

Das war für mich eine schwierige Lektion, die ich lernen musste. Alles begann damit, dass ich im Jahr 2005 eines Abends einen Fernsehbericht über eine verheerende Hungersnot in Südostasien sah. Zum ersten Mal hörte ich, dass sich in Indien alle dreißig Minuten ein Bauer – aus Verzweiflung über hohe Schulden und Missernten – das Leben nahm, manchmal indem er die Pestizide trank, die seine Ernte nicht hatten schützen können.

Eine Zeit lang fand diese Tragödie in der ganzen Welt Beachtung. Der Sender PBS brachte eine Dokumentation unter dem Titel: „Die Saat des Suizids: Indiens verzweifelte Bauern". Auch andere Fernsehstationen berichteten über die epidemieartige Selbstmordrate. Doch nach ein paar Wochen drängten sich andere Nachrichten in den Vordergrund und die indischen Farmer gerieten in Vergessenheit.

Aber ich konnte sie nicht vergessen. Schon als ich die ersten Berichte sah, wurde ich von Mitgefühl für die betroffenen Familien ergriffen. Niemand half ihnen, nachdem sie ihre Ehemänner und Väter verloren hatten. Die Witwen, die meistens der Kaste der „Unberührbaren" angehörten und somit Ausgestoßene waren, litten nicht nur unter der Trauer, sondern hatten auch finanzielle Schwierigkeiten. Häufig landeten die verzweifelten Frauen in der Prostitution oder wurden auf andere Weise versklavt, nicht selten von Leuten aus ihrem Umfeld.

Ich fühlte mich auf unerklärliche Weise zu diesen indischen Witwen und ihren Kindern hingezogen. Also machte ich eine christliche Organisation ausfindig, die Tausenden von indischen Frauen und Kindern Nahrungsmittel, medizinische Hilfe, Unterkünfte und eine Schulausbildung zukommen ließ. Ich schloss mich dem Team an, das diese Arbeit finanziell unterstützte. Regelmäßig erhielt ich nun ermutigende Berichte von örtlichen Pastoren, die Programme zur Unterstützung und Berufsausbildung anboten und die Frauen immer wieder besuchten, um ihnen ihre bedingungslose Hilfe und Zuwendung anzubieten.

In den folgenden zehn Jahren erhielt ich von der Organisation immer wieder eine Einladung, nach Indien zu reisen, mir die Arbeit vor Ort anzusehen und die Familien persönlich kennenzulernen. Doch obwohl mein Mitgefühl aufrichtig war, fühlte ich mich zu dieser Reise nicht berufen. Ich fand immer wieder eine Entschuldigung – ich hätte keine Zeit, kein Geld und wolle keine Aufmerksamkeit auf mich selbst ziehen.

Dann aber hörte ich eines Tages eine Predigt über 1. Mose 12, wo Gott zu Abraham sagt: „Ich werde dich zum Stammvater eines großen Volkes machen und dir viel Gutes tun; dein Name wird überall berühmt sein. Durch dich werden auch andere Menschen am Segen teilhaben. Wer dir Gutes wünscht, den werde ich segnen. Wer dir aber Böses wünscht, den werde ich verfluchen! Alle Völker der Erde sollen durch dich gesegnet werden" (Verse 2-3).

Im hebräischen Text kommen die Worte *Segen* und *segnen* in diesen zwei Versen fünfmal vor. Der Pastor, der die Predigt hielt, erklärte, dass eine zentrale Bedeutung des hebräischen Wortes für „Segen" das Gefühl der persönlichen Anwesenheit sei. Gott versprach Abraham, immer bei ihm zu sein; allein seine Gegenwart war das Zeichen seiner Gunst und Fürsorge in Abrahams Leben.

Während ich die Predigt hörte, erkannte ich, dass ich bei den Witwen und Waisen in Indien nicht anwesend gewesen war. Mein wohlmeinendes Mitgefühl war nicht alles, was Gott von mir erwartete. Der Ruf Gottes wurde überwältigend stark. Ich musste unbedingt nach Indien.

Also bestieg ich ein paar Monate später ein Flugzeug nach Zentralindien, wo ich zehn Tage mit einigen Gruppen von Witwen verbrachte, mit ihnen betete und ihnen so viel Trost spendete, wie ich konnte. Meine Gastgeber nahmen mich in die Stadt Yavatmal im Staat Maharashtra mit und baten mich, auf einem Podium eine persönliche Ansprache zu halten.

„Meine Mutter war eine Witwe so wie Sie", begann ich. „Ich war neun Jahre alt, als ich meinen Vater verlor. Von da an war unser Haus mit Furcht und Verzweiflung erfüllt …"

Während ich sprach, wurde aus meinem finanziellen Engagement eine persönliche Verbindung. Meine Geschichte drehte sich nicht länger nur um mich; es ging jetzt auch um diese kostbaren Familien und darum, wie Gott mich und meine Geschichte gebrauchen wollte, um ihr Leben zu segnen.

Ich kann gar nicht in Worte fassen, was für eine starke Erfahrung das für mich war. Ich wusste nun, warum Gott meine Aufmerksamkeit auf diesen Fernsehbericht gelenkt hatte. Er wollte mich nicht einfach nur dazu bringen, einen Scheck auszustellen oder einen guten Zweck materiell zu unterstützen. Er wollte mich dazu berufen, anderen Menschen nahe zu sein, meine Geschichte und meinen Schmerz mit ihnen zu teilen. Er brachte mich in eine neue Umlaufbahn.

Als ich die indischen Witwen an den Händen hielt und mit ihnen betete, spürte ich, wie die gemeinsame Erfahrung und das gemeinsame Leid uns verbanden. Obwohl wir aus verschiedenen Kulturen stammten, gab es zwischen unseren Erlebnissen Überschneidungen. Durch die Verbindung, die wir zueinander schufen, begann Gott, meinen Schmerz in eine heilende Kraft und einen Segen zu verwandeln.

Durch die Zeit bei diesen Witwen und Waisen festigte sich das, was ich schon durch die Verbindung zu den vaterlosen Jungen zu Hause erlebt hatte.

Wie ist es bei Ihnen? Welche Menschen hat Gott in Ihr Leben geführt? Welche Lasten tragen sie und wie hat Gott Sie auf einzigartige Weise befähigt, ihnen mit diesen Lasten zu helfen?

Wir können nicht im Voraus wissen, welche Menschen Gott in unsere Umlaufbahn bringt oder wann wir in der Lage sind, ihre Bedürfnisse zu stillen. Wir können nur aufmerksam und offen sein und die Menschen umkreisen, in deren Dienst er uns berufen hat. Er gibt uns das, was wir brauchen. Er schenkt uns die Fülle, die allein auf seiner wundersamen Fürsorge beruht.

In dieser Kapazität zu dienen, kann ein furchterregender Glaubensschritt sein, vor allem wenn wir uns bereits überfordert und auf die Probe gestellt fühlen, wenn die Wunden noch nicht verheilt sind und schmerzen oder wenn wir überzeugt sind, dass wir nicht genug haben. Doch wenn wir unser Leben in dem Glauben angehen, dass das, was wir geben, uns auf unvorstellbare Weise zurückerstattet wird, dann tritt Gott auf den Plan und zeigt uns den Weg.

Gottes Rhythmus der Fürsorge für Sie: das Leben in der Umlaufbahn

Denken Sie noch einmal über den wissenschaftlichen Artikel nach, der besagt, dass die Großzügigkeit in Ihnen und mir angelegt wurde. In Johannes 13,35 sagt Jesus zu seinen Jüngern, dass man sie an ihrer Liebe erkennen wird. In unserem persönlichen und gesellschaftlichen Egoismus spiegelt sich unsere Sünde und Zerbrochenheit.

Unsere Reise bis hierher hat gezeigt, dass Glaube nötig ist, um an Gottes Möglichkeiten zu glauben, ihn in alle Bereiche unseres Lebens einzuladen und die Herausforderungen zu bestehen, durch die er unser Leben neu ordnet. Gott antwortet auf unseren Glauben immer, indem er uns führt und für uns sorgt.

Bitten Sie Gott, Ihnen Türen zu öffnen, damit Sie Ihrer Gemeinschaft dienen können. Bitten Sie ihn auch darum, Sie mit seiner Freude zu erfüllen, während Sie in Liebe dienen. Das ist das Gegenmittel gegen unsere Selbstsucht.

Kapitel 8

Füreinander da sein

Das Herz der Gemeinschaft

Stellen wir uns einmal vor, der Bereich unseres Herzens, mit dem wir unser Leben als sinnvoll und erfüllt empfinden, sei mit einem Schloss verriegelt. Und dieses Schloss müssten wir öffnen, um die Fülle dessen zu entdecken, was Gott uns erleben lassen will.

Glücklicherweise hat Gott uns auch einen Schlüssel dafür gegeben. Doch die Sache hat einen Haken: Unser Schlüssel passt nicht in unser eigenes Schloss. Und so ist es bei den anderen auch. Weil Gott uns für ein Leben in der Gemeinschaft geschaffen hat, hat er uns Schlüssel gegeben, die nur in das Schloss von anderen Menschen passen. Folglich kann unser Herz nur von jemand anderem aufgeschlossen werden, und zwar während wir ihm dienen, ihn lieben, ermutigen, für ihn beten und uns ihm gegenüber großzügig erweisen.

So sieht Gemeinschaft aus, wenn sie voll und ganz verwirklicht wird.

Dieser vierte und letzte Aspekt des Fürsorgewunders Jesu ist viel tiefer und reicher, als die meisten von uns erkennen. Tatsächlich verstand ich das wahre Wunder der Fürsorge Gottes erst nach meiner lebensverändernden Reise nach Indien. Gottes Verheißung, mein Leben reich zu erfüllen, beruhte nicht nur auf meiner Beziehung zu ihm, sondern auch auf meiner Beziehung zu den Menschen, die er in meine Umlaufbahn geschickt hatte.

Dieses Konzept nennt die *Reimagine Group* „das Füreinander-da-Sein". An mehr als neunzig Stellen erinnert uns die Bibel daran, wie wichtig unsere Verbindung zueinander ist. Wir sollen gegenseitig unsere Lasten tragen, uns einander unterordnen, einander ehren und dienen, uns füreinander einsetzen, füreinander beten und uns natürlich gegenseitig lieben.

Immer wieder werden wir dazu aufgerufen, in großzügiger Gemeinschaft miteinander zu leben. Das ist kein bloßer Vorschlag oder eine nette Idee. Es ist die einfachste Beschreibung dessen, was Gott von uns möchte. Und doch lehnen wir uns auf jede erdenkliche Art dagegen auf. Wir behaupten, einander zu lieben, und gleichzeitig wollen wir die Kontrolle über unser eigenes Handeln, unseren Besitz und unsere Zeitplanung behalten. In seinem Buch *Gemeinsames Leben* schreibt Dietrich Bonhoeffer: „Wer seinen Traum von einer christlichen Gemeinschaft mehr liebt als die christliche Gemeinschaft selbst, der wird zum Zerstörer jeder christlichen Gemeinschaft, und ob er es persönlich noch so ehrlich, noch so ernsthaft und hingebend meinte."[39]

In Galater 5,14 schreibt Paulus: „Denn das ganze Gesetz ist in einem einzigen Wort zusammengefasst, in dem Gebot: ‚Du sollst deine Mitmenschen lieben wie dich selbst.'" Fast scheint es so, als hätte Paulus das andere große Gebot, das Jesus uns gegeben hat, vergessen: Gott zu lieben von ganzem Herzen, mit ganzer Hingabe, mit unserem ganzen Verstand und mit all unserer Kraft. Doch in der Bibel steht nichts Falsches, und wenn man darüber nachdenkt, kommt man eher zu dem Schluss, dass Paulus weiß: Unsere Liebe zu Gott äußert sich gerade durch die Großzügigkeit anderen Menschen gegenüber.

Das ist auch für unsere Beziehung zu Gott zentral.

Großzügig leben

Wie wir bereits gesehen haben, setzen die meisten Menschen Großzügigkeit mit einem geöffneten Portemonnaie gleich. Sie befürworten das, was wir Transaktionsgroßzügigkeit nennen. Diese kommt immer dann zum Ausdruck, wenn jemand etwas Greifbares wie zum Beispiel Geld, Gegenstände oder Zeit verschenkt, ohne dass dafür eine Beziehung nötig ist. Jahrelang hatte ich mich auf diese Weise in dem Projekt für die Witwen in Indien engagiert. Mit meinen finanziellen Gaben unterstützte ich die christlichen Pastoren und Sozialarbeiter vor Ort und ermöglichte es ihnen, all das zu kaufen, womit sie die Witwen und ihre Kinder physisch versorgen und schützen konnten.

Diese Art des Schenkens ist wichtig. Manche Not ist so groß, dass die Ressourcen vieler nötig sind, um sie auch nur ansatzweise zu lindern. Wenn wir etwas für ein Hilfsprogramm spenden, nachdem eine weit entlegene Region auf dieser Erde durch einen Krieg, eine Hungersnot oder ein Erdbeben zerstört wurde, werden durch unsere Transaktionsgroßzügigkeit – und durch die von Millionen anderer Menschen – die wenigen unterstützt, die mit ihrer Fachkenntnis vor Ort äußerst wertvoll sind.

Doch die Transaktionsgroßzügigkeit ist nur ein Anfangspunkt. Sie führt noch nicht zur geistlichen und emotionalen Erfüllung. Sie ist kein Füreinander-da-Sein. Für Jesus waren Beziehungen wichtiger als Ressourcen. In Matthäus 23,23 ruft er den strengen, traditionsgebundenen religiösen Führern zu: „Wehe euch, ihr Schriftgelehrten und Pharisäer, ihr Heuchler! Ihr gebt den zehnten Teil von Kräutern wie Minze, Dill und Kümmel und lasst dabei die viel wichtigeren Forderungen des Gesetzes außer Acht: Gerechtigkeit, Barmherzigkeit und Treue. Diese Forderungen solltet ihr erfüllen und das andere nicht außer Acht lassen."

Auch wir sind zur Beziehungsgroßzügigkeit aufgerufen,

denn so wird ein Füreinander-da-Sein möglich. Ein solches Engagement ist zutiefst persönlich. Bei der Beziehungsgroßzügigkeit geht es um mehr als um die Weitergabe von Geld und materiellen Gütern. Es geht vielmehr darum, hilfsbedürftige Menschen in unser Leben einzuladen. Das hat zum Beispiel Steve getan, der Pastor, den ich in Kapitel 2 erwähnt habe, als er einen mit Problemen beladenen Teenager in seine Familie einlud. Und ich tat es, als ich meinen Koffer packte und um die halbe Welt flog, um die Witwen in Indien persönlich kennenzulernen und ihre seelischen und physischen Lasten mit ihnen zu teilen.

Füreinander da zu sein, bedeutet, mit denen Freundschaft zu schließen, die einen Freund brauchen, denen Zeit zu schenken, die Zeit brauchen, denen zu vergeben, die Vergebung nötig haben, und denjenigen Liebe zu vermitteln, die sich ungeliebt fühlen.

Vor vielen Jahren arbeitete ich mit einem Unternehmen zusammen, in dem sich eine Gruppe Freiwilliger vorgenommen hatte, in einem innerstädtischen Problembezirk Hilfe zu leisten. Hier fand ich ein praktisches Beispiel für den Unterschied zwischen Transaktions- und Beziehungsgroßzügigkeit. Ich kam etwa eine halbe Stunde nach den anderen am Einsatzort an. Das Team führte bereits rund um einen großen Wohnblock dringend notwendige Gartenarbeiten aus. Die Freiwilligen arbeiteten hart und mit guten Absichten, und doch schien irgendetwas nicht zu stimmen.

Während ich mich mit dem ehrenamtlichen Koordinator unterhielt, bemerkten wir ein paar misstrauische Gesichter, die uns durch die Fenster des Hochhauses beobachteten. *Die sind nicht gerade froh, uns zu sehen,* dachte ich. Ich fragte den Koordinator, ob jemand zu den Bewohnern des Hauses gegangen war, um uns vorzustellen. Er erkundigte sich bei den Mitarbeitern danach, doch alle verneinten.

Kein Wunder, dass die Leute uns von drinnen anstarrten! Wahrscheinlich fragten sie sich, was wir auf ihren Grünflächen zu suchen hatten. Rasch riefen wir ein paar der Freiwilligen zusammen und klingelten an den Wohnungstüren. Der Koordinator erklärte, was wir da machten und wer uns gebeten hatte herzukommen. Dann luden wir ein paar Kids in den Park zum Basketball ein.

Die Büsche vor dem Haus zu schneiden, war eine Transaktion – doch die Bewohner des Hauses mit einzubeziehen, bedeutete Beziehung.

Wem dienen wir?

Das Gleichnis vom barmherzigen Samariter ist eine der bekanntesten Geschichten der Bibel. Wahrscheinlich kennen Sie sie auch. In Kurzform geht sie so:

Ein jüdischer Mann wird unterwegs auf einer Reise überfallen. Die Diebe nehmen ihm alles weg, sogar seine Kleider, und lassen ihn halb tot im Straßengraben liegen. Zwei Menschen – jeder ein angesehenes Mitglied der jüdischen Gesellschaft – gehen an dem Verletzten vorüber, ohne anzuhalten. Jesus gibt keine Erklärung dafür, warum sie nicht stehen blieben. Vielleicht hatten sie es eilig. Oder sie meinten, nicht in der Lage zu sein, dem Mann zu helfen. Oder sie fürchteten um ihre eigene Sicherheit. Ganz gleich aus welchem Grund sie nicht halfen, Jesus zeigt uns nur ihre fehlende Reaktion.

Dann kommt ein Samariter, sieht den Verletzten und hilft ihm.

Im Israel des 1. Jahrhunderts waren die Samariter eine religiöse und völkische Minderheit, der sowohl die Römer als auch die Juden mit Misstrauen begegneten. Ja, strikt fundamentalistische Juden waren so darauf bedacht, sich nicht durch die unreinen Samariter „verunreinigen" zu lassen, dass sie tagelange Umwege in Kauf nahmen, um das Gebiet der Samariter nicht betreten zu müssen. Und diese Abneigung beruhte durchaus auf Gegenseitigkeit. Die Samariter glaubten nämlich, ihr Gottesdienst und ihre Traditionen seien heiliger als die der traditionellen Juden und ihre Verfolgung somit ein Zeichen göttlicher Anerkennung. Auch sie schauten also auf andere herab.

Hierzu kann man in der heutigen Kultur durchaus Parallelen finden, sogar in der Kirche, denn auch hier gibt es Menschen oder Gruppen, die nicht respektiert werden oder denen man mit Vorurteilen begegnet.

In der Geschichte von Jesus hegt der Samariter jedoch keinen Groll gegen den verletzten, blutenden Mann im Straßengraben und geht nicht an ihm vorbei. Stattdessen hilft er ihm und geht dabei vielleicht selbst ein großes Risiko ein. Die Großzügigkeit des Samariters kommt nicht über eine große Distanz zum Ausdruck – indem er dem Verletzten von der anderen Straßenseite aus ein paar Konserven und religiöse Traktate zuwirft. Nein, der Samariter macht sich die Hände schmutzig. Er verbindet dem Fremden die Wunden, säubert ihn, setzt ihn auf einen Esel und bringt ihn zu einem Gasthaus, wo er auch noch für die weitere Versorgung des Mannes bezahlt. Sein Handeln ist persönlich, unangenehm und kostspielig.

Die Botschaft, die Jesus hier vermitteln will, ist klar: Wem sollen wir nach Gottes Willen dienen? Wer ist unser Nächster? Es ist der Mensch, der vor uns steht, egal wie er aussieht, was er glaubt oder wie er lebt. Unser Nächster ist der Fahrer, der uns im Straßenverkehr anhupt, der schlecht gelaunte Verkäufer im Kaufhaus, unsere besserwisserischen Nachbarn, die scheinbar das perfekte Leben führen, der Obdachlose, der uns auf dem Bürgersteig um Geld anbettelt, der Fremde, der jeden Morgen auf dem Sportplatz seine langsamen Runden dreht, der Typ im Büro, der immer über Politik streitet, die ältere Frau in der Kirchenbank hinter uns, die anscheinend keine Freunde hat, und sogar unser rebellischer Teenager, der kein Wort von dem befolgt, was wir ihm sagen. Unser Nächster ist einfach jeder, der uns über den Weg läuft, jeder, den wir bemerken, jeder, der in Not oder verletzt ist, der sich uns widersetzt oder uns beleidigt, jeder, dessen Leben auch nur in einem kleinen, unbedeutenden Moment mit dem unseren in Berührung kommt.

Uns um unseren Nächsten zu kümmern, heißt wahrhaftig, füreinander da zu sein.

Über all das begann ich vor ein paar Jahren nachzudenken, nachdem ich einen Zeitungsartikel gelesen hatte. Es ging darin um die Einwohner einer wohlhabenden Gegend, die sich über eine Bitte aufregten, die an sie herangetragen wurde: den Mitarbeitern der Müllabfuhr in ihrem Stadtteil Geschenke und Trinkgelder zu Weihnachten zu geben. Aufgrund dieses Berichtes dachte ich selbst zum ersten Mal über die Leute nach, die einmal pro Woche meinen Müll abholen.

Eines Tages – es war ziemlich kalt – wartete ich draußen vor dem Haus, während die Männer von der Müllabfuhr ihre Runde machten. Als das große, laute, stinkende Fahrzeug vor unserem Haus hielt, ging ich auf die Männer zu, schaute jedem von ihnen in die Augen, und während ich ihnen ihr Weihnachtsgeschenk überreichte, dankte ich ihnen, dass sie an einem so ungemütlichen Tag frühmorgens aufgestanden waren, um ihre Arbeit zu machen.

Danach fragte ich mich: *Gibt es noch mehr Menschen, die ich einfach übersehen habe?* Ich setzte mich hin und verfasste eine Liste mit Leuten aus meinem Alltagsleben, für die ich bisher nicht gebetet hatte. Die Liste war peinlich lang: der Friseur, der mir die Haare schnitt; der Steuerberater, der meine Steuererklärung bearbeitete; die Frau, die meinen Hund in Pflege nahm, und der Mitarbeiter an der Tankstelle, der mein Auto wusch. Ich war von einer Gemeinschaft umgeben, die ich noch kaum bemerkt hatte.

Die Bibel macht uns immer wieder klar, dass wir die Erfüllung nicht in unserem Besitz suchen sollen, sondern in den Früchten, die wir hervorbringen. Gottes Verheißung lautet nicht, dass er unser Leben mit materiellen Gütern erfüllen wird, sondern mit Menschen – oft mit solchen, für die wir ein Segen sein sollen. Wenn wir das Brot und die Fische an diejenigen weiterreichen, die in unserer Nähe sind, verspricht Gott, unsere leeren Hände zu füllen und uns noch mehr zu segnen. Und nicht selten gebraucht er die Menschen in unserer Umgebung, um uns zu versorgen.

Jesus sagte einmal zu einer Gruppe angesehener Pharisäer:

> Wenn du Gäste einladen willst, ob zu einer einfachen Mahlzeit oder zu einem großen Essen, dann lade dazu nicht nur deine Freunde, deine Brüder, sonstige Verwandte oder reiche Nachbarn ein. Sie würden dich wieder einladen, und das wäre dann deine ganze Belohnung. Nein, lade Arme, Behinderte, Gelähmte und Blinde ein, wenn du ein Essen gibst. Dann bist du glücklich zu preisen. Denn sie können es dir nicht vergelten; dafür wird es dir bei der Auferstehung der Gerechten vergolten werden (Lukas 14,12-14).

Meine Firma, *The Reimagine Group,* hat einmal einen Kurzfilm mit dem Titel „Bankett" gedreht, der auf diesem Gespräch zwischen Jesus und den Pharisäern beruht. Darin haben die Armen, die zu dem Bankett eingeladen werden, keine Tischkarten, die ihnen einen Platz an der Tafel verschaffen könnten. Die wohlhabenderen Gäste haben jedoch Tischkarten. Die Person, die in dem Film die Hauptrolle spielt, fängt an, die Tischkarten zu zerreißen als Symbol dafür, dass alle bei dem Festmahl willkommen sind.

Tatsache ist, dass wir alle zu einem Bankett eingeladen wurden, an dem wir eigentlich kein Teilnahmerecht haben, und dass wir ein unbeschreibliches Geschenk erhalten, das wir gar nicht verdienen. Deshalb sollte der Rat, den Jesus hier gibt, uns ins Nachdenken bringen, wen wir selbst zu unseren Mahlzeiten einladen und wem wir Geschenke überreichen.

Die Ökonomie des Teilens

Die größte Hotelkette der Welt (Airbnb) hat keine eigenen Zimmer, das größte Taxiunternehmen (Uber) keine eigenen Fahrzeuge und das größte Medienunternehmen (Facebook) produziert keine eigenen Inhalte. Stattdessen scheffeln sie Milliarden, indem sie sich existierende, aber wenig genutzte Besitztümer privater Haushalte zunutze machen: eine Transportmöglichkeit oder die Zeit, die Einzelne anderen zur Verfügung stellen. Nachdem die alten Barrieren zwischen geschäftlichen und privaten Räumen gefallen sind, wurden auf diese Weise neue Verdienstquellen eröffnet, die es so bisher noch nicht gab.

In vielem spiegelt sich hier der Gedanke des Füreinander-da-Seins. Menschen laden einander in ihre Häuser, ihre Autos oder in ihr persönliches Leben ein, was große Kontaktchancen zwischen Nachbarn und anderen Menschen bietet.

Doch wie so vieles andere, was wir uns angesehen haben, sind auch diese Beispiele viel komplexer. Wenn wir hinter die schönen Fotos mit lächelnden Menschen und hinter die begeisterten Erfahrungsberichte blicken, ist die moderne Ökonomie des Teilens immer noch transaktionsorientiert. Wer seine Dienste zur Verfügung stellt, macht damit Geld (oder im Fall einer frei verfügbaren Social-Media-App wie Facebook bekommt er einen kostenlosen Kanal, auf dem er seine Inhalte präsentieren kann). Das ist kein echtes Teilen – es ist nur der neueste Weg, auf dem Unternehmen Gewinne erzielen können.

Wenn wir sehen wollen, wie eine echte Ökonomie des Teilens aussieht, dann müssen wir weit zurück in die Geschichte blicken, hin zu den Gemeinschaften, die von den ersten Christen gebildet wurden.

Kurz nach dem Tod und der Auferstehung von Jesus geschah etwas Erstaunliches: Menschen, die einander kaum kannten, begannen, miteinander zu teilen.

Petrus hielt eine vollmächtige Predigt vor einer sehr gemischten Zuhörerschaft, die nach Jerusalem gekommen war.

Dreitausend Menschen wurden an jenem Tag getauft und schlossen sich der Gemeinde an (Apostelgeschichte 2). Diese ersten Christen stammten aus verschiedenen Ländern und redeten in unterschiedlichen Sprachen. Ich nehme an, dass sie auch unterschiedliche kulturelle Traditionen, Essgewohnheiten und Lebensstile hatten. In der frühen Kirche gab es sowohl reiche Landbesitzer als auch bedürftige Menschen. Und dennoch heißt es in Apostelgeschichte 2,44: „Alle, die an Jesus glaubten, hielten fest zusammen und teilten alles miteinander, was sie besaßen." Und in Kapitel 4,32 steht: „Die ganze Schar derer, die an Jesus glaubten, hielt fest zusammen; alle waren ein Herz und eine Seele. Nicht ein Einziger betrachtete irgendetwas von dem, was ihm gehörte, als sein persönliches Eigentum; vielmehr teilten sie alles miteinander, was sie besaßen."

Die Liebe der Gemeinde zu Jesus – dessen großzügige Bereitschaft, sein eigenes Leben zu opfern, das größte Vorbild des Teilens war – ließ ihre Unterschiede in den Hintergrund treten und ihre gegenseitige Liebe wachsen. Erfüllt von Gottes Liebe und Gnade, verschenkten sie alles, was sie hatten – ihren Besitz, ihr barmherziges und dienendes Handeln –, ohne dafür eine Gegenleistung zu erwarten.

„Zum jetzigen Zeitpunkt hilft euer Überfluss ihrem Mangel ab, damit dann ein anderes Mal ihr Überfluss eurem Mangel abhilft, und auf diese Weise kommt es zu einem Ausgleich", schreibt Paulus in seinem zweiten Brief an die Korinther (8,14).

Die Gläubigen in der noch jungen christlichen Kirche, so wie sie in der Apostelgeschichte beschrieben wird, sahen alles, was sie hatten, als Gottes Eigentum an und jeden Menschen in ihrer Umgebung als ihren Nächsten, egal woher dieser stammte.

Warum aber hat sich das geändert?

Wir haben vergessen, so sagt es mein Freund Pastor Darryl Ford, „dass wir nicht nur *von* etwas gerettet wurden, sondern auch *für* etwas. Und dieses Etwas ist ein Leben des Dienstes und der Gemeinschaft".

Als die Jünger und nach ihnen die ganze Menschenmenge

das Brot und die Fische entgegennahmen und sie weiterreichten, machten sie damit deutlich, dass es bei diesem Geschehen nicht nur um sie selbst ging. Es war nicht ihre Plattform und Jesus gab ihnen auch keinen größeren Segen oder ein größeres Geschenk als allen anderen. Es war eine Möglichkeit für die gesamte Gemeinschaft, das Licht der Güte Gottes widerzuspiegeln und einander damit zu beschenken.

Jesus hat gesagt, wir sollen unseren Nächsten lieben wie uns selbst. Und weil es einfacher ist, einen Nächsten zu lieben, der so aussieht wie ich, kann es schnell passieren, dass wir uns isolieren.

Kürzlich hielt Darryl eine Predigt darüber, wie unterschiedlich Menschen heutzutage Gemeinschaft leben. Er unterschied diesbezüglich drei Formen, wobei die ersten beiden sich für mich erschreckend vertraut anhörten. Zuerst gibt es die sogenannten „Suppen-Gemeinschaften". Hier sind sich alle so ähnlich – in ihrer Herkunft, ihrem Alter, ihrem Einkommen und ihrem Lebensstil –, dass sie fast austauschbar sind. Solche Gemeinschaften sind monokulturell und bieten Sicherheit.[40]

Doch wie wir bereits gesehen haben, hat Jesus uns nicht dazu berufen, in Sicherheit zu leben.

Die zweite Form der Gemeinschaft sind sogenannte „Salat-Gemeinschaften". Ihre unterschiedliche Zusammensetzung wird zwar öffentlich als etwas Positives gepriesen, aber im Privaten wollen die dazugehörigen Menschen lieber ein bequemes Leben. Darum wird alles, was sie an ihrer Gemeinschaft nicht mögen, mit einer Art „Salatdressing" übergossen. Man singt zwar das Lob der Gemeinschaft, doch das ist nur oberflächlich und die Mehrheitskultur überdeckt alles, womit man nur schwer klarkommt.

Doch es gibt noch eine dritte Form der Gemeinschaft, und diese nennt Darryl die „Dampfkochtopf-Gemeinschaft". Mit Dampfkochtöpfen, sagt Darryl, kann man gut Eintöpfe zubereiten. Die Hitze und der Druck lassen die verschiedenen Zutaten „ausbluten" und ihr Geschmack vermischt sich. Eine Paprikaschote zum Beispiel, die zu einem Eintopf dazugegeben wird, bleibt nicht isoliert; sie beeinflusst das Aroma und somit das Geschmackserlebnis aller anderen Zutaten. Wenn man dieses miteinander Verschmelzen auf die Gemeinde überträgt, entsteht jene radikale Liebe, durch die Menschen bewusst und unter Gebet Risiken in ihren Beziehungen eingehen.

Darryls Worte fordern mich heraus. Jahrelang hatte ich gedacht, die Bibel würde *mich* dazu aufrufen, anderen in Not zu helfen. Dadurch stand ich sozusagen über den anderen. Doch in einer Dampfkochtopf-Umgebung können wir uns nicht zurückhalten oder abseits bleiben. In einer Gemeinschaft geht es nicht um *mich* oder *sie*. Auch in Gottes Augen gibt es kein *ich* oder *sie*. In Gottes Reich bin ich kein Aroma, das allein bleiben soll. Indem ich anderen diene, werde ich eins mit ihnen.

Als ich zu diesem Thema weiter in der Bibel las, entdeckte ich etwas, das ich nie zuvor bemerkt hatte. Im Buch der Psalmen schreibt David viermal: „Ich bin arm und vom Leid gebeugt" (40,18; 70,6; 86,1; 109,22). Das ließ mich aufhorchen. Wenn sogar der König von Israel sich so sah, warum dachte ich dann, ich sei etwas Besseres?

In 1. Johannes 3,16 heißt es: „Was Liebe ist, haben wir an dem erkannt, was Jesus getan hat: Er hat sein Leben für uns hergegeben. Daher müssen auch wir bereit sein, unser Leben für unsere Geschwister herzugeben."

Gott ruft uns zu einem radikal dienenden Leben auf. Das ist echte Gemeinschaft und ein wahres Füreinander-da-Sein.

Liebe, Fürsorge und wahre Gemeinschaft – was uns daran hindert

Hört sich einfach an, oder? Ist es aber nicht.

Wie wir gehört haben, hat Gott das menschliche Gehirn mit der Bereitschaft zur Großzügigkeit ausgestattet und uns dann in der Bibel immer wieder gezeigt, wie wichtig das ist. Warum aber fällt es uns dann so schwer, das Füreinander-da-Sein in unserem Leben umzusetzen? Ist unser Egoismus so groß? Leider ja.

Mangeldenken, Furcht und Isolation, von denen so viele Menschen heutzutage überrollt werden – auch viele Christus-Nachfolger –, sind die direkte Folge eines geistlichen Kampfes gegen Gottes Verheißung, für uns zu sorgen. Am schlimmsten tobt dieser Kampf in unseren Beziehungen; er prägt unsere Sicht auf andere Menschen. Denn der Satan weiß genau, wo unsere größten Schwächen liegen.

Im Jahr 2007 veröffentlichten Wissenschaftler der University of California-San Diego die Ergebnisse einer Studie, die sie als das „Spiel des Teilens" bezeichneten. Ein Interviewer hatte den Teilnehmern zwei Optionen zur Auswahl vorgelegt:

1. Sie würden 7 Dollar erhalten, wenn eine ihnen unbekannte Person 9 Dollar erhielt.

2. Sie würden 5 Dollar erhalten, wenn eine ihnen unbekannte Person 3 Dollar erhielt.

Die überwältigende Mehrheit entschied sich für Option Nummer 2, bei der die unbekannte Person nicht mehr Geld bekam als sie selbst, obwohl sie bei Option 1 auch selbst mehr Geld erhalten hätten. Ich war schockiert, als ich das las. Die Leute wollten also auf keinen Fall, dass ein unbekannter Nächster mehr bekam als sie – und um das sicherzustellen, waren sie sogar bereit, selbst weniger zu bekommen.[41]

Wenn wir uns in die satanische Lüge des radikalen Individualismus verstrickt haben und glauben, uns nur auf uns selbst verlassen zu können, dann scheitern wir und es bleibt ein Gefühl tiefer Furcht und Verzweiflung zurück. Der Satan lässt nichts unversucht, um uns auseinanderzutreiben, damit wir uns gegenseitig – obwohl wir Geschöpfe Gottes sind – als weniger wertvoll betrachten, als Leute, die unsere Zeit und unsere Aufmerksamkeit nicht verdient haben. Er weiß: Wenn wir gespalten sind, hat er uns besser unter Kontrolle. Wenn wir uns fürchten, sind wir offen für seine Lügen.

Jesus hat uns gesagt, wir sollen unsere Mitmenschen „lieben wie uns selbst" (Matthäus 22,39), aber der Satan redet uns ein, dass diese klare Anweisung unterschiedlich interpretiert werden kann. „Denn", so sagt er zu uns, „wer ist eigentlich dein Mitmensch? Was ist mit dem, der nicht so aussieht wie du, nicht dasselbe glaubt wie du oder nicht so lebt, wie du leben willst? Kannst du ihm wirklich vertrauen?"

Viele von uns sind gemäß dem Motto erzogen worden: „Hilf dir selbst, dann hilft dir Gott." Der Satan benutzt dieses Klischee – das sich übrigens nirgends in der Bibel findet –, um selbst die frömmsten Christen in Versuchung zu führen. Die Folge ist, dass sie ihre Isolation, ihre Zurückhaltung und das tiefe Gefühl des Mangels rechtfertigen. Der Satan hat ihnen nämlich eingeredet, sie sollten an den guten Dingen, die sie empfangen haben, festhalten, das Brot und den Fisch behalten, statt sie weiterzugeben –, und zwar nicht, weil sie egoistisch oder unfreundlich sind, sondern weil sie sich Sorgen machen, wie sie ihre Familie morgen ernähren sollen.

Wenn wir von der Mangelmentalität geprägt sind, halten wir alles fest, was wir bekommen haben, anstatt es großzügig an andere weiterzugeben – und so kommt Gottes Wunder der Fürsorge zum Stillstand.

„Hilf dir selbst", ist nicht Gottes Botschaft. Gott ruft uns vielmehr dazu auf, alle Sorgen bei ihm abzulegen (1. Petrus 5,7).

Eine besonders schmerzliche Auswirkung unserer schnelllebigen digitalen Gesellschaft besteht darin, dass die Menschen um uns herum keine Individuen mehr sind, sondern zu einem austauschbaren, unpersönlichen Kollektiv verschmelzen. Wir kommunizieren per Bildschirm und Tastatur statt von Angesicht zu Angesicht und manchmal feiern wir sogar unsere Gottesdienste so. Die „anderen" in unserem Leben sind keine Gemeinschaft von Individuen mehr, denen wir dienen können, sondern nur anonyme Namen auf dem Computerdisplay und unser einziger Kontakt zu ihnen besteht in der Frage, warum ihr Leben so viel besser aussieht als unseres.

Ich will damit nicht sagen, dass die digitale Kommunikation etwas Schlechtes ist. Auch ich benutze E-Mails und ein Mobiltelefon wie andere auch. Aber ich denke, wir sollten schon aufpassen, dass wir uns dadurch nicht einlullen lassen und die Beziehung zu anderen lebenden, atmenden Menschen nicht vernachlässigen.

Ich glaube, der Satan fürchtet sich weniger vor einer Gruppe von Menschen, die sich am Sonntagmorgen trifft, um Lieder zu singen und Texte zu hören, als vor einer einzelnen Person, die in die Welt hinausgeht und anfängt, das Leben anderer zu verändern.

Das Risiko der Verwundbarkeit

Vor ein paar Jahren half unser Unternehmen *The Reimagine Group* 62 Gemeinden dabei, ein fünfwöchiges Projekt unter dem Motto „Großzügig lieben" durchzuführen. Die Grundbotschaft des Arbeitsmaterials, das dafür zur Verfügung gestellt wurde, war der Gedanke des Füreinander-da-Seins. Die Teilnehmer wurden dazu ermutigt, sich um bedürftige Menschen zu kümmern und sich mit anderen zu versöhnen, wo es nötig war. In ganz Atlanta wurden Treffen organisiert, die am Pfingstsonntag ihren Höhepunkt fanden. Ich hatte die Gelegenheit, vor Pastoren aus der ganzen Stadt über die Ziele für die kommenden fünf Wochen zu sprechen.

Basierend auf Lukas 14,12-14, wo es darum geht, diejenigen bei uns einzuladen, die sich nicht dafür revanchieren können, bat ich die Pastoren, ihre Gemeinden vor folgende Herausforderung zu stellen: Jeder Teilnehmer sollte in den kommenden vierzig Tagen eine hilfsbedürftige Person in sein Leben einladen oder sich eine Person aussuchen, mit der er sich versöhnen wollte.

Das Projekt verlief reibungslos. Überall in der Stadt fanden gemeindeübergreifende Feste statt und wir hörten viele

Berichte davon, wie Tausende von Christen ihr Umfeld veränderten, indem sie gemeinsam anderen Menschen ehrenamtlich dienten. Trotzdem wurde ich das Gefühl nicht los, dass all das eher eine programmatische Aktion und definitiv nicht auf Beziehungen ausgerichtet war. Was war mit der Versöhnung? Was war mit den persönlichen Verbindungen? Die Menschen, die aufgefordert waren, ihre Liebe großzügig zu verschenken, reagierten darauf, indem sie Lebensmittel zu einem Obdachlosenheim brachten, freiwillige Dienste an einer Schule übernahmen oder sich mit ihren Freunden zusammen für ein Hilfsprojekt engagierten.

Sie lebten in einer „Suppen-Gemeinschaft", hielten sich selbst zurück und taten etwas, bei dem sie sich sicher fühlten. Ich aber hatte gehofft, dass verschiedene Personen und Bedürfnisse zu einem Ganzen verschmelzen würden, zu einer wahren Gemeinschaft. Sie gaben etwas von ihrem Überfluss ab, wo Gott uns doch dazu aufruft, etwas Wesentliches von uns zu verschenken.

Was hielt die Menschen davon ab, diesen nächsten Schritt zu tun?

Was hält Sie davon ab?

In Gesprächen mit anderen habe ich seither immer wieder festgestellt, dass die Menschen eine tiefe Abneigung gegen die Verwundbarkeit haben, die entsteht, wenn man sich wahrhaft in eine Gemeinschaft einbringt. Uns selbst als Teil einer ineinander verwobenen, heiligen, ungeschützten Schöpfung zu sehen, kann ein sehr beunruhigender Gedanke sein für alle, die zum Stoizismus erzogen wurden.

Es ist medizinisch erwiesen, dass Einsamkeit unserer Gesundheit schadet. Sie wird mit Herzkrankheiten, Demenz und einem frühen Tod in Verbindung gebracht. Wir sind für die Gemeinschaft geschaffen.[42]

Sich verwundbar zu machen – darüber wollen viele von uns noch nicht einmal reden, geschweige denn, es ausprobieren. Wenn wir anderen Menschen unsere tiefsten Bedürfnisse und persönlichsten Sorgen mitteilen, dann geben wir ihnen damit ein Stück weit Macht über unser Leben. Auch ich hatte solche Zeiten in meinem Leben, in denen ich nichts von mir preisgeben wollte. *Was ist, wenn ich mein Herz ausschütte und niemand reagiert darauf?*

Und doch ist unsere Verwundbarkeit ein Teil von Gottes perfektem Plan. So bringt er uns dazu, dass wir zutiefst von ihm abhängig sind – und uns miteinander in einer engen Umlaufbahn befinden.

Vor ein paar Monaten trafen Lisa und ich uns mit einer kleinen Gruppe von Freunden. Seit sieben Jahren kommen wir schon regelmäßig zusammen, doch dieser Abend war etwas Besonderes. Denn ein Ehepaar erklärte vor der ganzen Gruppe: „Wir müssen euch etwas sagen, über das wir bisher noch mit niemandem gesprochen haben." Dann erzählten sie uns von einer schwierigen Situation, die schon seit einiger Zeit in ihrer Familie herrschte, und teilten uns ihre Ängste mit.

Die Atmosphäre im Raum veränderte sich, denn wir alle waren von ihrer mutigen Offenheit überwältigt. Wir bildeten einen Kreis um unsere beiden Freunde, legten ihnen segnend die Hände auf und beteten für sie so intensiv, wie wir es noch nie getan hatten. Dann sprachen wir miteinander und es kam zu einem ganz persönlichen Austausch. Alle in der Gruppe haben seither eine ganz andere, viel vertrauensvollere Beziehung zueinander, und das nur, weil unsere beiden Freunde bereit waren, sich zu öffnen und uns in ihr Leben einzuladen, damit wir für sie da sein konnten.

Wenn wir glauben, dass Gott die Gemeinschaft nutzt, um für uns zu sorgen, und wenn wir uns auf die Fürsorge verlassen, die er uns verheißen hat, dann müssen wir lernen, dem Nächsten zu vertrauen, den Gott in unser Leben geführt hat. Wir können füreinander da sein oder wir versuchen alles ganz allein.

Füreinander da zu sein, ist nicht einfach. In der Gemeinschaft zu bleiben (und in der Verwundbarkeit, die das mit sich bringt), kann ein schwerer und manchmal auch schmerzhafter Prozess sein. Und der Satan versucht, *jeden* unserer Schritte auf diesem Weg zu verhindern. Mit unserer eigenen Kraft werden wir keinen Erfolg haben. Und glücklicherweise müssen wir das auch nicht! Gott verspricht uns, unseren Dienst an anderen Menschen immer wieder zu belohnen und uns den Weg zu zeigen. Unser Vorbild ist Jesus, der aus Liebe seine Heimat verließ und sich in eine kaputte Schöpfung hineinbegab. Wir können lieben, weil er uns zuerst geliebt hat. Wir können Opfer bringen, weil er sich zuerst für uns geopfert hat. Wir können Risiken auf uns nehmen, weil er alles für uns riskiert hat: sich selbst. Seine Liebe und sein Geist bewegen uns dazu, uns selbst zu sterben – so wie auch er starb.

Wenn wir offen für Gott sind, wird er für uns sorgen.

Eine Kollegin von mir, sie heißt Patty, zog erst vor ein paar Jahren mit ihrer Familie in die Gegend von Atlanta. Kurz nach dem Umzug ging ihr Auto kaputt. Die Reparatur war zu teuer und so machten Patty und ihr Mann sich auf die Suche nach einem anderen Wagen.

Zu der Zeit half Patty mir beim Verfassen dieses Buches; sie arbeitete den Inhalt mit mir durch, vor allem das Kapitel, in dem es darum geht, sich in Zeiten der Not auf die Gemeinschaft zu stützen. Patty wollte keinen Gebrauchtwagen von einem ihr unbekannten Händler kaufen; sie traute der Sache nicht. Also entschloss sie sich, die Grundsätze, die sie in meinem Buch gelesen hatte, in die Tat umzusetzen. Sie schickte eine kurze Nachricht an die wenigen Menschen, die sie in der Gegend kannte, und fragte, ob jemand einen Gebrauchtwagen zu verkaufen hätte oder ihr einen Tipp für einen Händler geben könnte. Es kamen ein paar Vorschläge zurück. Eine Frau schrieb: „Ruf mich doch bitte an, wenn du Zeit hast."

Patty rief sie an und die Frau sagte: „Es ist ganz seltsam. Mein Mann und ich haben kürzlich darüber gesprochen, ob wir nicht unseren Toyota verkaufen sollten, aber wir hatten den Eindruck, dass der Herr uns davon abhielt. Er wollte, dass wir das Auto verschenken. Dazu waren wir bereit, aber wir kannten niemanden, der ein Auto brauchte. Gestern Abend haben wir gebetet: ‚Herr, wir wissen: Du willst, dass wir den Wagen verschenken. Bitte zeig uns die Person, der wir ihn geben sollen.‘ Und heute Morgen wachte ich auf und las deine E-Mail.“ Sie verschenkten ihr Auto an Pattys Familie.

Mir gefällt diese Geschichte, weil sie so wunderbar aufzeigt, wie unsere Verwundbarkeit im Rahmen einer Gemeinschaft es Gott ermöglicht, die Kapazität anderer zu nutzen, um unsere Bedürfnisse zu stillen. Es gibt reichhaltig Gelegenheit, uns auf die Gemeinschaft zu stützen. Das lässt unseren Glauben auf eine Art und Weise wachsen, wie wir es allein nie erlebt hätten, und es öffnet uns für die guten Gaben Gottes, die wir uns gar nicht vorstellen können.

Gut gemacht

Vor Jahren unterstützten Lisa und ich eine Organisation, die Menschen aus der Sklaverei befreit, zumindest einige von Millionen. Während dieser Zeit hatte ich einen Traum. Ich stand beim Jüngsten Gericht vor Jesus. Er zeigte mir einen jungen Mann, den ich zwar nicht kannte, aber irgendwie wusste ich, dass er ein Evangelist war. Der Herr sagte zu mir: „Gut gemacht.“

Ich war zuerst ein bisschen verwundert, doch dann wurde mir auf mysteriöse Weise klar (wie es nur in Träumen vorkommt), dass er der Sohn einer Frau war, die durch die Organisation, für die wir uns engagierten, aus der Prostitution gerettet worden war.

Oft sehen wir nicht alle langfristigen Auswirkungen unseres Lebens oder der einzelnen Entscheidungen, die wir getroffen haben, wenn wir in einen Menschen investieren. Die drei Diener in dem Gleichnis vom anvertrauten Geld sahen es auf jeden Fall nicht. Doch alles, was wir in eine Person hineingeben, wenn wir ihr bewusst und unter Gebet in ihrer Not helfen, löst in Gottes Reich eine Art Dominoeffekt aus.

Wenn wir uns zum Beispiel mit einem jungen Menschen zum Essen verabreden, der gerade seine berufliche Karriere startet, wenn wir ihm zuhören, vielleicht ein paar Telefonate machen, um ihm eine Stelle zu vermitteln – dann kann das seinen ganzen Lebensweg verändern. Oder wenn wir einer jungen Mutter mit Kleinkindern, deren Mann auf Geschäftsreise ist, etwas zu essen vorbeibringen und den Abend über bei ihr bleiben, dann kann sich daraus ein geistlicher oder seelischer Wachstumsschritt ergeben, der das ganze Leben dieser Frau verändert.

Seit Jahren bieten Lisa und ich ein freies Zimmer in unserem Haus für jeden an, der es braucht. Eine Frau lebte drei Jahre lang bei uns, während sie in unserer Stadt eine Beratungsstelle für Frauen in Schwangerschaftskonflikten aufbaute. Als sie wieder wegzog, erzählte sie uns, dass sich während ihrer Zeit bei uns über tausend Frauen dazu entschieden hatten, ihr Kind zu bekommen und es nicht abzutreiben. Durch unsere kleine Geste, mit der wir etwas von dem weitergaben, was wir hatten, wurden wir Teil dieses Wunders der Fürsorge Gottes.

Sind Sie bereit, sich verwundbar zu machen, sich Ihrem Schmerz zu stellen und die Wüstenerfahrungen in Ihrem Leben durchzustehen? Sind Sie bereit, sich mutig in die Wüste anderer Menschen hineinzubegeben? Wer sind Ihre vaterlosen Söhne oder Ihre indischen Witwen?

Stellen Sie sich vor, was wäre, wenn jeder von uns sich jedes Jahr mit einer Person versöhnen und eine hilfsbedürftige Person in sein Leben einladen würde. Stellen Sie sich vor, was Gott aus dieser Fülle machen könnte.

Mit jedem Jahr meiner Lebensreise lerne ich mehr darüber, wie Gott uns gebraucht, und ich weiß den komplexen Tanz, den er choreografiert, immer mehr zu schätzen. Er zeigt uns Möglichkeiten, die weit über unsere Vorstellungskraft hinausgehen; er segnet das, was wir ihm bringen, während er uns in die Wüste hinein- und wieder herausführt. Und doch geschieht es gerade hier, in der Gemeinschaft der Menschen, in die er uns gestellt hat, dass wir endlich einen Ausweg aus unseren unmittelbaren Ängsten und erdrückenden Zweifeln finden. Durch den manchmal schmerzhaften, langsamen Prozess, uns selbst loszulassen und um unseren Schöpfer zu kreisen, um den Menschen zu dienen, die er geschaffen hat, empfangen wir die physische, emotionale und geistliche Versorgung, die uns durch unsere Zeit auf der Erde hindurchträgt.

Als Jesus gesagt hat: „Ich bin gekommen, um ihnen Leben zu bringen – Leben in ganzer Fülle" (Johannes 10,10), meinte er ein Leben in Fülle und keinen Lebensstil im Überfluss. Er verheißt uns keinen materiellen Segen, sondern den tieferen, bedeutsameren Segen, den Gott in uns hervorbringen möchte. Mit anderen Worten: Das Leben in Fülle hat mit der Frucht unseres Lebens zu tun.

Eines Tages, wenn wir vor Gott stehen, wird er uns die Auswirkungen dessen zeigen, was wir gegeben haben. Und genau wie die Männer und Frauen in Matthäus 25 werden wir fragen: „Herr, ich weiß gar nicht, wann ich das gemacht habe. Mir ist nicht bewusst, dass mein Leben so große Auswirkungen hatte."

Und ich bin sicher, dass er dann antworten wird: „Was immer ihr für einen meiner Brüder getan habt – und wäre er noch so gering geachtet gewesen –, das habt ihr für mich getan" (Matthäus 25,40).

Das Leben in Fülle, das Gott uns verheißt, gehört Ihnen. Brot und Fische liegen vor Ihnen. Möchten Sie sie nehmen und an die Menschen um Sie herum weitergeben, in dem Vertrauen, dass es für alle reichen wird? Werden Sie das Wunder der Fürsorge fortsetzen, das Gott uns schenkt?

Gottes Rhythmus der Fürsorge für Sie:
Füreinander da sein

Lesen Sie Matthäus 25,35-36 und schreiben Sie die sechs Kategorien von Menschen auf, mit denen Jesus sich identifiziert (die Hungrigen, die Kranken usw.). Gottes Liebe widerzuspiegeln, bedeutet unter anderem auch, dass man die Menschen in der Gesellschaft sieht, die oft von anderen übersehen werden. Überlegen Sie, welche Menschen in Ihrer Umgebung oder an Ihrem Arbeitsplatz Hilfe brauchen und wie Sie ihnen helfen könnten. Vielleicht könnten Sie sie bitten, Ihnen ihre Geschichte zu erzählen? Sie können Teil der Fürsorge Gottes werden, indem Sie den Menschen in Ihrer Umgebung dienen. Suchen Sie dabei nicht nach Wegen der Transaktionsgroßzügigkeit, sondern seien Sie für andere da. Suchen Sie nach Wegen der Beziehungsgroßzügigkeit.

Jesus wird Ihr Leben segnen, wenn Sie bereit sind, den Geringsten zu dienen. Er hat uns zuerst geliebt, als wir noch seine Feinde waren. Lassen Sie sich davon zu einem segensreichen Leben motivieren.

Zum Schluss

Das Geheimnis
eines erfüllten Lebens

Ich habe dieses Buch geschrieben, weil ich eine deutliche Diskrepanz sehe zwischen Gott, der uns so viel schenken will, und der großen Mehrheit der Menschen, sogar der reichen, die sich von einem angstvollen Mangeldenken bestimmen lassen. Diese beiden Denkweisen sind nicht miteinander vereinbar. In diesem Buch haben wir uns mit dem aus vier Schritten bestehenden Muster der Fürsorge Gottes befasst. Das Geheimnis hinter all dem ist jedoch Gott selbst.

Im Jahr 2011 produzierte ich ein Video mit dem Titel „Offenbaren"; es beruhte auf Sprüche 25,2: „Gottes Herrlichkeit und Größe erweist sich darin, etwas in ein Geheimnis zu hüllen, die Herrlichkeit und Größe von Königen erweist sich darin, etwas zu ergründen." Ich fand es spannend, dass der König der Herrlichkeit eben diese Herrlichkeit dadurch gewinnt, dass er etwas vor uns verbirgt. In dem Video geht es um einen Vater, der seinen zwei Töchtern, als er weggeht, überall im Haus kleine liebevolle Notizen und Hinweise auf Geschenke hinterlässt. Aufgeregt laufen die Mädchen umher, um diese Schätze zu finden und sie dann ihrer Mutter zu zeigen.

Mir ging auf, dass auch Gott von uns gesucht werden möchte. Er will, dass wir nach einer persönlichen Beziehung zu ihm streben, genau wie diese kleinen Mädchen nach den Geschenken ihres Vaters gesucht haben. Schließlich ist er ja unser himmlischer Vater, der für uns sorgt. Mein Pastor definiert Herrlichkeit als ein „Zufriedensein"; Gott erhält die Herrlichkeit, indem er etwas verbirgt. Er verspricht uns ein zufriedenes Leben, wenn wir seine Hinweise, seine Führung und seine Geschenke entdecken.

Denken wir an die Zusagen, die Gott uns in der Bibel gibt. In Hebräer 11,6 heißt es, dass Gott „die belohnt, die ihn aufrichtig suchen". Und in 2. Chronik 16,9 steht: „Unermüdlich behält der HERR die ganze Welt im Blick, um die Menschen zu stärken, die sich von ganzem Herzen auf ihn verlassen." Dieser Rhythmus des Suchens und Näherkommens entspricht dem Rhythmus der Fürsorge Gottes, wie wir ihn in diesem Buch kennengelernt haben. Immer wieder zeigt Gott uns seinen Wunsch, nahe zu uns zu kommen, und er wünscht sich auch, dass wir nahe zu ihm kommen. Denn er möchte eine persönliche Beziehung zu uns haben. Er sucht die Suchenden! Wer ihn sucht, wird ihn finden und dafür von ihm belohnt und versorgt werden. Wir können das gut nachvollziehen, denn auch in unseren persönlichen Beziehungen zeigt sich die Liebe eines Menschen oftmals dadurch, dass er sich die Zeit nimmt, die tiefen Gefühle, Sorgen oder Wünsche des anderen herauszufinden.

Ich weiß nicht, wo Sie standen, als Sie anfingen, dieses Buch zu lesen; doch ich hoffe, Sie haben sich in der Geschichte wiedergefunden, in der Jesus die Menschen auf dem Hügel mit Nahrung versorgt.

Sind Sie wie der Junge, der die Fische und das Brot beisteuert? Halten Sie eine kleine Gabe in der Hand und sind unsicher, ob Gott sie gebrauchen kann … oder ob er Sie selbst gebrauchen kann? Haben Sie nur geringe Ressourcen zur Verfügung und fragen sich, ob Sie sich selbst oder gar anderen damit helfen können? „Du willst das wirklich?", fragen Sie Gott. „Aber es ist doch nur ein Fisch!"

Vielleicht kommt Ihnen Gott auch wie ein Fremder vor. Sie lassen sich zum ersten Mal auf ihn ein und das fühlt sich wie ein riesiger Schritt an. Vielleicht haben Sie noch genug seelischen und physischen Vorrat für den heutigen Tag, aber die Zukunft wirft große Fragen auf. Es ist eine enorme Herausforderung für Sie, das, was Sie haben, an Gott auszuhändigen, der schon so viel hat, und darauf zu vertrauen, dass er Ihnen Ihre Gabe in großer Fülle zurückerstatten wird. Vielleicht sollten Sie erst einmal ein kleines Stück Brot teilen und abwarten, was passiert?

Es ist nicht einfach, den Korb mit dem Brot an jemand anderen weiterzureichen und darauf zu vertrauen, dass auch für uns noch genug da sein wird. Doch genau das wird passieren, denn Gott hat es versprochen. „Fürchte dich nicht", sagt er immer wieder. Der Gott der Fülle besitzt das Vermögen, uns zu versorgen.

Vielleicht sind Sie aber auch eher wie die Jünger. Sie sind Jesus schon längere Zeit nachgefolgt und sind ihm treu – zumindest sieht es so aus. Sie gehen zur Kirche und spenden sogar zehn Prozent Ihres Einkommens. Doch Sie sind verunsichert. Manchmal erkennen Sie Gottes Fürsorge in Ihrem Leben, gelegentlich sogar auf ganz erstaunliche Weise. Aber Sie haben immer wieder mit denselben Problemen und Zweifeln zu kämpfen. Die nächste Ratenzahlung wird fällig, sowohl die Gemeinde als auch die Schule brauchen freiwillige Helfer, Ihre Kinder fragen, warum sie in der Schule so ein hartes Basketballtraining mitmachen sollen, und Facebook ist voller Videos mit verhungernden Flüchtlingsfamilien. Schon bald merken Sie, dass Sie wieder an derselben Front kämpfen müssen, die Sie schon längst überwunden glaubten.

Sie möchten so gern glauben, dass Jesus real ist, dass er für Sie sorgen kann und will. Doch Sie sind bei diesem Thema immer hin und her gerissen. Sie erkennen zwar Gottes Hand in Ihrem Leben, fragen sich aber trotzdem immer wieder ängstlich, ob er Ihnen auch ein weiteres Mal helfen wird.

Gibt es in Ihrem geistlichen Leben Bereiche, die so vertraut, so sehr zur Routine geworden sind, dass Sie das wahre Wunder gar nicht mehr bemerken? Ruft Gott Sie dazu auf, tiefer zu schürfen? Welche dunklen Ecken in Ihrem Leben haben Sie ihm noch gar nicht geöffnet?

Auch ich finde mich in dieser Beschreibung wieder, und das, nachdem ich mich jahrelang mit dem Thema beschäftigt habe und Hunderte Male Gelegenheit hatte, Gottes wundersames Eingreifen in meinem eigenen Leben zu erfahren. Diese Beziehung zu unserem Retter, die einem Tanz gleichkommt, braucht ein ganzes Leben, um sie zu erlernen.

Solange wir fehlerhafte Menschen sind, die Missverständnissen und Versuchungen leicht erliegen, werden wir manchmal zweifeln. Die Wüste kann niederschmetternd sein. Wir fürchten uns. Aber Gott ist immer da, er ruft uns und bietet uns ein wundersames, reichhaltiges Mahl an.

Wenn ich die Geschichte von der Menschenmenge auf dem Hügel lese, fasziniert mich in letzter Zeit besonders der Jünger Johannes. Sein Evangelium berichtet das Geschehen um einiges genauer als die anderen drei. Ich frage mich, ob das wohl daran liegt, dass er viel persönlicher auf das Ganze reagiert hat. Wir wissen, dass er von Beruf Fischer war, bevor er Jesus nachfolgte. Interessanterweise ist sein Evangelium das einzige, das nicht nur erzählt, wie Jesus das Brot in Stücke brach, sondern auch ausdrücklich hervorhebt, dass er dasselbe mit den Fischen tat. Johannes wusste genau, was ein Fisch wog und wie viele Leute man damit satt machen konnte. Er hatte Jahre damit zugebracht, leere Netze mit so vielen Fischen zu füllen, dass er seine Gemeinschaft damit ernähren konnte. Und jetzt hatte dieser Lehrer hier auf dem trockenen Land ganze Körbe mit Fischen gefüllt, und das praktisch aus dem Nichts.

Gott nahm das, was Johannes am besten kannte, und machte etwas radikal und wundersam anderes damit. Ich frage mich, ob dieser Tag wohl die Beziehung von Johannes zu Jesus veränderte und sie vertiefte, ob Johannes sich Jesus von da an viel stärker verbunden fühlte. In seinem Evangelium bezeichnet Johannes sich selbst als den „Jünger, den Jesus besonders lieb gehabt hat" (Johannes 20,2) und in den Jahren nach dem Tod von Jesus wurde er zu einem leidenschaftlichen Jesus-Nachfolger; er schrieb noch vier weitere Bücher, die den Christen bis heute als Leitschnur dienen.

Wo auch immer Sie sind und was auch immer Sie glaubten, als Sie anfingen, dieses Buch zu lesen: Seien Sie versichert, dass Gott einen Plan für Sie hat. Er kennt Ihre Zukunft – und diese ist nicht von Mangel oder Furcht geprägt. Stattdessen ist sie erfüllt von Heiligkeit, von der Gegenwart Gottes und seinen Zielen, wenn Sie sich ihm zur Verfügung stellen.

Auch Sie haben einen Platz in der Geschichte, die Gott schreibt.

Kreuzförmige Großzügigkeit

Wenn ich mir ansehe, was Gott in meinem Leben in den letzten Jahren getan hat, kann ich aufrichtig sagen, dass ich nie glücklicher und erfüllter war, mir nie sicherer war, dass Gott stets treu für mich sorgt, während ich in tiefer Gemeinschaft mit ihm lebe. Er hat den Schmerz und das Zerstörerische meiner Vergangenheit weggenommen und sie durch den Segen aus seiner Fülle ersetzt. Er hat mich aus der dunklen, isolierten Welt gerettet, in der ich ganz allein zu sein glaubte.

Ich verstehe nicht immer, warum Gott uns zu bestimmten Möglichkeiten beruft und uns andere wegnimmt, aber es ist nötig, dass wir ihm auch an die schwierigen Orte des Dienens und Opferns folgen. In „The Liturgy of Abundance" bezeichnet Walter Brueggemann diese Art von opferbereiter, beziehungsorientierter Großzügigkeit als „kruziforme" oder kreuzförmige Großzügigkeit. In ihr spiegelt sich die ganze Fülle dessen, was Christus uns schenken will. Sein Gedanke, dass Großzügigkeit mit einer vertikalen Verbindung zwischen einer Person und Gott beginnt und sich dann durch eine horizontale Großzügigkeit fortsetzt, die Menschen miteinander verbindet, stimmt mit dem überein, was wir in diesem Buch gemeinsam erforscht haben.[43]

Erstens haben wir gelernt, dass Gott uns, andere Menschen und seine gesamte Schöpfung mit *Möglichkeiten* ausgestattet hat. Diese Möglichkeiten im Glauben wahrzunehmen, verändert uns und Gott verspricht, dass er die belohnen wird, die an ihn glauben und ihn intensiv suchen.

Zweitens haben wir festgestellt, dass es große Auswirkungen hat, wenn wir Gott und seine Heiligkeit in die kleinen Details unseres Lebens einladen. Dann beginnt nämlich ein Verwandlungsprozess. Gott verspricht, Erstaunliches zu tun, wenn wir alles, was wir sind und haben, ihm *zur Verfügung stellen,* zu seiner Ehre und für seine Ziele.

In *Herausforderungen* durchzuhalten wird für uns wie ein Schmelzofen, der den „Sand" unseres Lebens in „Silizium" umwandelt. In Gottes Hand verändern wir uns und werden auf diese Weise zu demütigen Menschen. Gott verspricht, uns während dieses Prozesses niemals zu verlassen. Wie Daniel können auch wir im heißen Ofen noch jemand anderen wahrnehmen, der bei uns ist und aussieht „wie ein Sohn der Götter" (Daniel 3,25).

Während dies alles geschieht, wird unsere Seele empfindsamer, sie wird empfangsbereit und so darauf vorbereitet, wirkungsvoll in einer *Gemeinschaft* zu dienen, denn in ihr kommt der gemeinschaftliche oder horizontale Aspekt des Kreuzes zum Ausdruck. In Demut dienen wir anderen; unsere Verwundbarkeit und Ehrlichkeit lässt einen „Eintopf" entstehen, in dem unser Leben sich mit dem anderer Menschen verbindet.

Unsere Bereitschaft, die eigene Umlaufbahn zu verlassen und stattdessen alles für die Gemeinschaft um uns herum zu opfern, ist das Geheimnis und die Grundlage für die Erfahrung, dass Gott uns tatsächlich ausreichend versorgt, so wie er es versprochen hat.

Gottes Fürsorge hat nichts damit zu tun, wie viel Geld wir besitzen oder wie die Leute uns behandeln oder wie viel Macht wir auf dem Marktplatz haben. Es geht einfach nur um Beziehungen – zuerst um die Beziehung zu Gott selbst und dann um die zu den Menschen, die er in unser Leben führt, damit wir ihnen dienen können.

Wenn Sie mit Verlustängsten zu kämpfen haben und nicht wissen, wie Sie diese neue, befreiende Art zu leben, verwirklichen können, dann stellen Sie sich am besten folgende Frage: Wie kann Jesus die Welt durch mich auf einzigartige Weise lieben? Sie sind ein Mensch wie kein anderer. Sie bringen Ihre eigene Geschichte mit, Ihre eigenen Erfahrungen und Ihre eigene Art des Teilens. Durch diese Erfahrungen werden Sie eine nie versiegende Quelle des Friedens finden.

Wenn wir Gott in unsere Möglichkeiten einladen, ihm unser Leben widmen, es uns gefallen lassen, dass wir zerbrochen werden, und die Gemeinschaft suchen, dann wird er auf eine ganz neue Weise in unser Leben treten, es neu ordnen und für uns sorgen.

Eine lebenslange Reise

Keiner von uns schafft das alles die ganze Zeit. Im Lauf der Jahre bin ich selbst immer wieder gestürzt, manchmal so tief, dass ich nicht einmal mehr beten konnte. Und immer wieder hat Gott mich aus meinen Zweifeln und meiner Schwachheit gerettet. Er hat mir gezeigt, dass ich ihm vertrauen kann, auch wenn ich selbst keinen Ausweg sehe. Gott ist mir gegenüber in jeder Hinsicht treu gewesen, sodass ich schlussendlich so wie Petrus in Johannes 6,68 sagen kann: „Herr, zu wem sollten wir gehen? Du hast Worte, die zum ewigen Leben führen."

Gott ist treu. Er sieht Ihre Absichten und kennt Ihr Herz. Mit seiner Gnade und Barmherzigkeit füllt er die Leere in Ihrem zerbrochenen Leben aus, überall dort wo Sie denken, dass nicht genug da ist. Wenn Sie sich an einem Ort der Furcht und des Zweifels befinden oder wenn Sie an etwas Kostbarem festhalten, von dem Gott möchte, dass Sie es loslassen – Ihre Zeit, Ihre Ressourcen, Ihre Verwundbarkeit, Ihre Gaben, Ihre

Familie –, dann denken Sie an den kleinen Jungen auf dem Hügel damals. Oder an den kleinen Jaden, der seine Eltern verloren hat und sich trotzdem dafür entschied, anderen mit seinem Lächeln Freude zu schenken. Vertrauen Sie auf Gott in dem Wissen, dass er auch in Ihrem Leben Wunder tun kann, so wie er es bei diesen Menschen getan hat.

Jesus sagt: „Ich habe euch das alles gesagt, damit ihr in mir Frieden habt. In der Welt werdet ihr hart bedrängt. Doch ihr braucht euch nicht zu fürchten: Ich habe die Welt besiegt" (Johannes 16,33).

Es wird Zeit für Sie, aus dem Kreislauf der Furcht auszubrechen. Wenn Sie an einem Ort leben, an dem es vermeintlich nicht genug gibt, ob finanziell oder emotional, dann erinnern Sie sich daran, dass diese vier Aspekte der Fürsorge Gottes – Möglichkeiten erkennen, sich Gott zur Verfügung stellen, Herausforderungen bestehen und Gemeinschaft leben – dieselben sind, die auch Jesus anwandte, um mit einer einfachen Mahlzeit Tausende von Menschen zu speisen. Sie sind unerlässlich, wenn wir unsere Beziehung zu Gott wirklich verstehen wollen.

Gott hat eindeutig versprochen, für uns zu sorgen – wenn wir ihm nachfolgen. In dem Leben, das Gott für Sie gestaltet, verspricht er Ihnen, dass es immer genug geben wird. Mehr als genug.

Quellenangaben

1   Steve Hartman: „After Losing Parents, 6-Year-Old Embarks on Smile Mission." *CBS News*, 7. August 2015. http://www. cbsnews.com/news/after-losing-parents-6-year-old-embarks-on-mission/.

2   Brené Brown: *Verletzlichkeit macht stark. Wie wir unsere Schutzmechanismen aufgeben und innerlich reich werden.* München: Goldmann, 2017, S. 42.

3   „The Impact of Wealth and Success, How Much Is Enough?" *UBS United States*, 28. April 2015. https://www.ubs.com/us/ en/wealth/news/wealth-management-americas-news.html/ en/2015/04/28/ubs-investor-watch-2015-2Q.html.

4   Walter Brueggemann: „The Liturgy of Abundance, the Myth of Scarcity." *The Christian Century*, 24. März 1999. https:// www.christiancentury.org/article/2012-01/liturgy-abundance-myth-scarcity.

5   „5 Reasons Millennials Stay Connected to Church." *Barna Group, Millennials and Generations*, 17. September 2013. https:// www.barna.com/research/5-reasons-millennials-stay-connected-to-church/.

6   „Hubble Reveals Observable Universe Contains Ten Times More Galaxies than Previously Thought," NASA, 13. Oktober 2016. www.nasa.gov/feature/goddard/2016/hubble-reveals-observable-universe-contains-10-times-more-galaxies-than-previously-thought; Marina Koren, „The Universe Just Got 10 Times More Interesting." *Atlantic*, 4. Oktober 2016, www.theatlantic.com/ science/archive/2016/10/so-many-galaxies/504185/.

7   Walter Brueggemann: „The Liturgy of Abundance."

8   David Dellinger: *From Yale to Jail. The Life Story of a Moral Dissenter.* Eugene, Oregon: Wipf and Stock Publishers, 1993, S. 418.

9   „A Telecom Story with Dr. Steven Shepherd." University of

Southern California Marshall School of Business. www.marshall.usc.edu/videos/telecom-story-dr-steven-shepard. Aufgerufen am 21. Februar 2017.

10   „Willow Bark." University of Maryland Medical Center. www.umm.edu/health/medical/altmed/herb/willow-bark. Aufgerufen am 3. April 2017.

11   Martin Ryan: „Sea Urchins Could Contain the Genetic Key to Curing Some Diseases." University of St. Andrews. www.st-andrews.ac.uk/news/archive/2012/title,88759,en.php. Aufgerufen am 6. Juli 2012.

12   „Penicillin." Wikipedia. www.en.wikipedia.org/wiki/Penicillin. Aufgerufen am 28. März 2017.

13   Paul F. Torrence: „Owed to Nature: Medicines from Tropical Forests." Rainforest Trust. www.rainforesttrust.org/news/owed-to-nature-medicines-from-tropical-forests/. Aufgerufen am 26. Januar 2013.

14   Mark Fidelman: „Meet the Top 30 Most Influential Photographers on the Web." *Huffington Post*, 9. Juli 2014. http://www.huffingtonpost.com/mark-fidelman/meet-the-top-30-most-photography_b_5566091.html.

15   Max De Pree: *Leadership Is an Art*. New York: Doubleday, 2004, S. 11.

16   Jim Collins: *Good to Great. Why Some Companies Make the Leap … and Others Don't*. New York: HarperCollins, 2001, S. 31.

17   Dallas Willard: *Jünger wird man unterwegs. Jesus-Nachfolge als Lebensstil*. Schwarzenfeld: Neufeld 2011, S. 57.

18   Christopher J. L. Murray, Marie Ng und Ali Mokdad: „The Vast Majority of American Adults Are Overweight or Obese, and Weight Is a Growing Problem among US Children." Institute for Health Metrics and Evaluation. Aufgerufen am 3. April 2017, www.healthdata.org/news-release /vast-majority-american-adults-are-overweight-or-obese-and-weight-growing-problem-among; „11 Facts about Literacy in America," DoSomething.org, aufgerufen am 3. April 2017, www.dosomething.org/us/facts/11-facts-about-literacy-america.

19 Suzanne Goldenberg: „The Doomsday Vault: The Seeds That Could Save a Post-Apocalyptic World.“ *The Guardian*, 10. Mai 2015. https://www.theguardian.com/science/2015/may/20/the-doomsday-vault-seeds-save-post-apocalyptic-world.

20 Chip Ingram: „Reimagine Stewardship.“ *The Promises of God*, Application Teaching.

21 Walter Brueggemann: „Enough Is Enough.“ *The Other Side 37*, Nr. 5 (November–Dezember 2001).

22 Walter Brueggemann: „The Liturgy of Abundance.“

23 „Holy, Holiness.“ *Baker's Evangelical Dictionary of Biblical Theology*. Bible Study Tools. www.biblestudytools.com/dictionaries/bakers-evangelical-dictionary/holy-holiness.html. Aufgerufen im April 2017.

24 „William Barclay's Daily Study Bible, Matthew 13.“ StudyLight.org. www.studylight.org/commentaries/dsb/matthew-13.html. Aufgerufen am 3. April 2017.

25 David Ashton, Johnny Sung: *Supporting Workplace Learning for High Performance Working*. Genf: International Labour Office, 2002. http://citeseerx.ist.psu.edu/viewdoc/download?doi=10.1.1.629.8732&rep=rep1&type=pdf. Aufgerufen am 17. Januar 2017.

26 Akshat Rathi: „What's App Bought for $19 Billion, What Do Its Employees Get?“ *The Conversation*, 20. Februar 2014. http://theconversation.com/whatsapp-bought-for-19-billion-what-do-its-employees-get-23496.

27 „Secularization.“ Wikipedia, 5. Januar 2017. https://en.wikipedia.org/wiki/Secularization.

28 Joe Weisenthal: „Goldman Sachs Says It May Be Forced to Fundamentally Question How Capitalism Is Working.“ Conduent, 3. Februar 2016. https://www.bloomberg.com/news/articles/2016-02-03/goldman-sachs-says-it-may-be-forced-to-fundamentally-question-how-capitalism-is-working.

29 Crawford Loritts, Hauptpastor an der Fellowship Bible Church in Roswell im US-Bundesstaat Georgia, am 10. August 2014 in einem Gespräch mit dem Autor.

30 Timothy Keller: *Es ist nicht alles Gott, was glänzt. Was im Leben wirklich trägt.* Gießen: Brunnen Verlag, 2018, S. 196.

31 Bill Lawrence: *Wilderness Wanderings. Learning to Live the Zig-Zag Life.* North Charleston, South Carolina: CreateSpace Independent Publishing, 2016, S. 4.

32 Ebd., S. 3.

33 James Estrin: „Kodak's First Digital Moment." New York Times, 12. August 2015. www.lens.blogs.nytimes.com/2015/08/12/kodaks-first-digital-moment/?_r=1.

34 Tony Romo: „Jordan Spieth." Time, 21. April 2016. http://time.com/4298236/jordan-spieth-2016-time-100/.

35 „For Ellie: Spieth Stays Grounded." Global Golf Post, 9. September 2013. http://www.globalgolfpost.com/now/2013/09/09/for-ellie-spieth-stays-grounded.

36 Daven Hiskey: „Velcro Was Modeled After Burrs of the Burdock Plant that Stuck to Velcro's Inventor's Pants After Hunting Trip", 9. September 2011, www.todayifoundout.com/index.php/2011/09/velcro-was-modeled-after-burrs-of-the-burdock-plant-that-stuck-to-velcros-inventors-pants-after-a-hunting-trip/; Leslie Meredith: „Color E-Readers Inspired by Butterflies", Live Science, 23. November 2009, www.livescience.com/5895-color-readers-inspired-butterflies.html; Don DeYoung: „Polar Bear – Insulation", Discovery of Design, aufgerufen am 3. April 2017, www.dis coveryofdesign.com/id99.html; Elizabeth Redmond: „Biomimicry: Bees Inspire the Efficiency and Communication of Web Servers", Januar 2008, www.sustainablog.org/2008/01/biomimicry-bees-inspire-the-efficiency-and-communication-of-web-servers/.

37 Timothy Keller: *Warum Gott? Vernünftiger Glaube oder Irrlicht der Menschheit?* Gießen, Brunnen Verlag, 2016, S. 253–254.

38 Elizabeth Svoboda: „Hard-Wired for Giving." Wall Street Journal, 31. August 2013. http://www.wsj.com/articles/SB10001424127887324009304 57904123197168 3854.

39 Dietrich Bonhoeffer: *Gemeinsames Leben.* Gießen, Brunnen Verlag, 2016, S. 39–40.

40 Darryl Ford: „New Lives Means New Community." Perimeter
    Church, Johns Creek, Georgia, 5. Juni 2016, http://www.peri-
    meter.org/series/view/radical-love/.

41 Arthur Kennelly, Edmund Fantino: „The Sharing Game: Fair-
    ness in Resource Allocation as a Function of Incentive, Gender,
    and Recipient Types." *Judgment and Decision Making 2*, Nr. 3
    (Juni 2007), S. 204–216.

42 Nicole K. Valtorta, Mona Kanaan, Simon Gilbody, Sara Ron-
    zi, Barbara Hanratty: „Loneliness and Social Isolation As Risk
    Factors for Coronary Heart Disease and Stroke. Systematic
    Review and Meta-analysis of Longitudinal Observational Stu-
    dies." Heart, 18. April 2016, www.heart.bmj.com/content/he-
    artjnl/102/13/1009.full.pdf.

43 Walter Brueggemann: „The Liturgy of Abundance."

Kennen Sie schon unseren Brunnen-Blog?
brunnen-verlag.de/blog
Entdecken Sie dort spannende Hintergrundinfos
zu unseren Büchern und Autoren sowie kostenlose Downloads.

Timothy Keller

Warum Gott?

Paperback
336 Seiten
ISBN 978-3-7655-2031-0
auch als E-Book verfügbar

Warum Gott? Ist es heute noch vernünftig zu glauben? Führt der Glaube an den einen Gott nicht zu Gewalt und Terror? Kann Religion uns heute noch Antworten auf die drängenden Fragen der Zeit geben? Hat die Wissenschaft nicht den Glauben an Gott längst widerlegt?

Diesen und anderen Fragen geht Timothy Keller in seinem Bestseller nach. Er findet Antworten, die überraschen und die nachdenklich werden lassen. Und er nennt gute Gründe für den Glauben.

Tim Keller schreibt präzise und unterhaltsam. Die beste Begründung des Glaubens, die in diesem Jahrhundert geschrieben wurde. Aber Vorsicht: Wer es mit ehrlichem Herzen und offenem Verstand liest, muss sich darauf einstellen, Gott zu begegnen.

Dr. Markus Spieker,
TV-Hauptstadtkorrespondent und Buchautor

Timothy Keller

Berufung

Paperback
288 Seiten
ISBN 978-3-7655-2088-4
auch als E-Book verfügbar

Ist der Beruf nur „Job" zum Broterwerb, in dem man sich anständig verhalten und, sofern Christ, möglichst Zeugnis von seinem Glauben ablegen sollte? Oder ist alle Arbeit, ob mit den Händen oder dem Kopf, ein Zeichen unserer Menschenwürde – weil sie das Bild Gottes, des Schöpfers, in uns spiegelt?

Tim Keller wendet in seiner unnachahmlichen Art biblische Weisheit auf unser Leben an und gibt inspirierende Antworten auf die zentralen Fragen:

» Warum arbeite ich überhaupt?
» Warum fällt mir meine Arbeit manchmal so schwer?
» Was könnte ich in meinem Berufsleben ändern, damit ich zufriedener werde?
» Wie kann ich in meinem Berufsleben zu meinen Werten stehen?
» Wie lerne ich, meinen Beruf als Gottesdienst zu verstehen?

Dieses Buch war überfällig. Eine überzeugende Arbeitsethik für die globalisierte Welt des 21. Jahrhunderts. Timothy Keller hat Entscheidendes zum Sinn und Wert der Arbeit zu sagen.

Michael Stollwerk, Pfarrer und Businesscoach

Timothy Keller

Es ist nicht alles Gott was glänzt

Paperback
336 Seiten
ISBN 978-3-7655-2031-0

Die Götter unserer Zeit sind Geld, Macht und Sex. Oder positiver ausgedrückt: Erfolg. Wohlstand. Liebe. Viele Menschen jagen diesen Idealen hinterher. Doch keiner würde auf die Idee kommen, dass das Erreichen der großen Ziele das Schlimmste ist, was uns passieren kann.

Timothy Keller spürt die modernen Götzen auf – all diese eigentlich guten Dinge, die wir zu Göttern gemacht haben. Und er ist überzeugt: Auch wenn wir keine Götzenbilder aus Holz oder Stein anbeten – die modernen Götzen können uns nicht das geben, was wir wirklich brauchen. Ein Götze entsteht, wenn wir ein an sich erstrebenswertes Ziel verabsolutieren und zum einzigen Lebenssinn machen. Nur wer die Götter erkennt, die ihn selbst und seine Kultur beeinflussen, kann sich und seine Welt verstehen.

In diesem Buch hilft Timothy Keller, die „eigenen Götter" zu entlarven und sich von ihnen zu befreien.